白米を
がっつり食べて
痩せる!

白米:おかずは
6:4!

コンビニ
ファミレス
活用!

細マッチョ ルーティーン

満足するから
リバウンド
しない!

1ヵ月で
4キロ
痩せる!

元ボクシング世界チャンピオン
株式会社 ReStart 代表取締役
木村悠 著

自由国民社

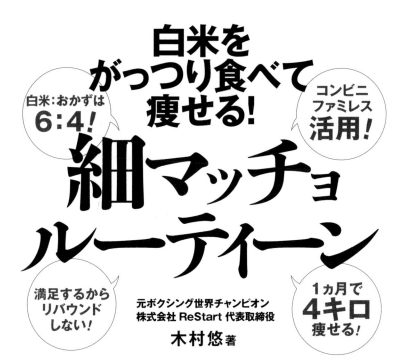

世界チャンピオンの細マッチョルーティーン

2006　プロデビュー
減量のやり方が分からず、さまざまなダイエット方法を試していた

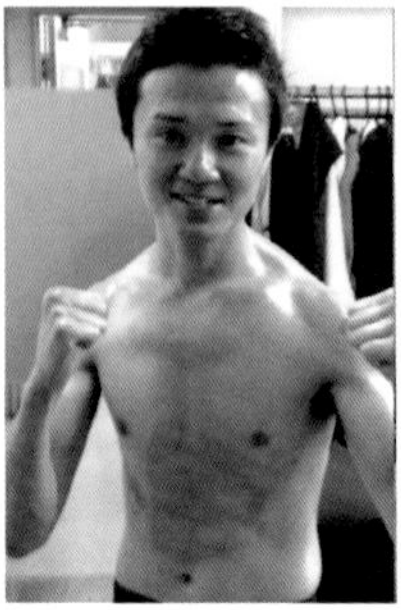

2009　プロ3年目
ネットの情報を参考にして減量は成功したもののパフォーマンスが上がらない

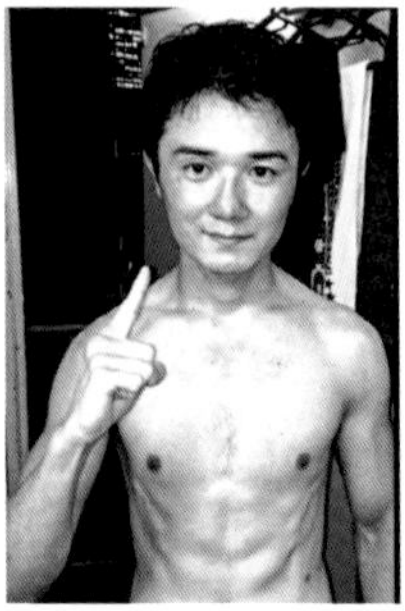

2012　日本ランカー
減量の影響で試合に敗戦。これを機にダイエット方法を変えようと思い、白米を食べて痩せる細マッチョルーティーンと出会う

2013　日本王者
細マッチョルーティーンで肉体が絞れ、心も整い日本チャンピオンになる

2014　世界戦前
筋肉がつきやすい体に変わり試合でもパフォーマンスアップを実感する

2015　世界王者
細マッチョルーティーンに出会ってから連戦連勝で、ついに世界チャンピオンになる

2015年11月28日、
WBC世界ライトフライ級
チャンピオンとなる

1ヵ月で4kg痩せる細マッチョルーティーン

7:00 水1杯

8:00 朝食

9:30 出社 ― なるべく階段を使って

ガッツリ食べる

12:00 休憩 ― お昼はお米6:おかず4

13:00
仕事 ― 1時間に1回歩く
15:00

15:30 間食 ― おにぎりを食べる

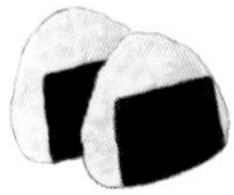

18:00 帰宅 ― コンビニで夕食を買う

20:00 夕食

22:00 就寝 ― 1日3分のエクササイズ

こんな料理も食べられます！

ダイエットと聞いて頭に浮かぶのが厳しい食事制限。でも、私が現役時代に実践したダイエットは、無理な食事制限とは無縁です。だから体力も落ちないし、長続きします。ここでは、おすすめのメニューの一部をご紹介していきます。分量などの目安はP30以降をご参照ください。

朝食

何かと忙しい朝は食事もシンプルでＯＫ。ただし、寝ている間に体内に溜まった老廃物を流すため、起き抜けにお水をコップ１杯飲むことを忘れずに。

ご飯と味噌汁

味噌汁は具だくさんのほうがおすすめ。カップ味噌汁でもOKです。

おにぎり2個（梅干しと昆布）と味噌汁

おにぎりの具は、梅干しやおかか、昆布などシンプルなもののほうが、添加物も少なくおすすめです。

Breakfast

ご飯、だし巻き卵、切り干し大根、味噌汁

ご飯と味噌汁だけでは足りないと感じたら、味付けがシンプルな小鉢料理を添えるのもいいですね。

ご飯、ひじきの煮物、味噌汁

小鉢料理は、なるべく添加物の少ない和風の料理を選びましょう。

鉄分、カルシウムなどのミネラルやビタミン類が豊富な卵は、お米同様、「完全栄養食」と言われています。上手に付き合っていきましょう。

昼食

昼ご飯は1日のメインの食事と考え、しっかり食べるようにしましょう。ご飯もたくさん食べてＯＫ。ただし、おかずの食べ過ぎは要注意です。

牛丼弁当

丼ものは早食いになりがちなので、牛丼を食べるときはしっかり噛んでゆっくり食べることを心がけましょう。

サワラの照り焼き定食
（ご飯、サワラの照り焼き、ホウレンソウの胡麻和え、漬物、味噌汁）

外食では和食を選ぶのがおすすめです。

豚の角煮定食
（ご飯、豚の角煮、だし巻き卵、
漬物、味噌汁）

豚の角煮は脂質が多そうですが、味付けがシンプルなのでOK。ただし、食べ過ぎには注意してください。

サケの塩焼き定食
（ご飯、サケの塩焼き、だし巻き卵、
漬物、味噌汁）

外食は塩分や脂質を多く摂りがちなので、水をしっかり飲むことを忘れないでください。

青椒肉絲定食
（ご飯、青椒肉絲、昆布の煮物、味噌汁）

素材がシンプルな料理は基本的に◎。ただし、外食はおかずを食べ過ぎてしまう傾向にあるので注意しましょう。

サンマの塩焼き定食
（ご飯、サンマの塩焼き、ひじきの煮物、
味噌汁）

魚介は胃腸が疲れ気味のときや胃腸を休めたいときにおすすめです。

Lunch

とうふ

手作り弁当
(ご飯、梅干し、サケの塩焼き、ホウレンソウの胡麻和え、コンニャクの煮物、カボチャの煮物、ぬか漬け、きんぴらごぼう、味噌汁)

ご飯とおかずが一緒の弁当箱の場合は、ご飯が多めになるように心がけて。ご飯が少ないと感じたら、間食でおにぎりを食べるなど工夫しましょう。

とうふ

手作り弁当
(ご飯、梅干し、サケの塩焼き、だし巻き卵、ホウレンソウの胡麻和え、ぬか漬け、カボチャの煮物、タケノコの煮物、八宝菜、味噌汁)

ご飯とおかずのバランスに注意。「ご飯多め、おかずは少なめ」を心がけましょう。

お弁当を買うなら、シャケ弁や幕の内弁当など和風弁当がおすすめ。洋食や揚げ物は要注意です。

夕食

夜は食べすぎないこと。翌朝は空腹で目が覚めるリズムを作ることが大切なので、お腹が空いていなければ食べなくてもOK。

ご飯、八宝菜、ぬか漬け、味噌汁
(ブロッコリー、タケノコ、ニンジン、イカ、ホタテ、エビ)

中華料理の店で八宝菜定食を注文するのはOK。ただ、ご飯の量に比べて八宝菜の量が多そうだと感じたら、できれば事前に八宝菜の量を少なめにしてほしいとお願いしましょう。

ご飯、焼き鳥、味噌汁、漬物

夜は居酒屋飯もおすすめ。単品を組み合わせて夕食にしましょう。ただし、お酒を飲むのはNGです。

豚キムチ定食
(ご飯、豚キムチ、だし巻き卵、味噌汁)

キムチの辛さが食欲をそそるので、食べ過ぎには注意しましょう。

Dinner

とうふ

ご飯、ひじきの煮物、味噌汁

お腹が空いていなければ、ご飯と味噌汁、小鉢料理で済ませてしまうのもありです。

ご飯、ブリの照り焼き、ぬか漬け、味噌汁

ブリの照り焼きは作り方がシンプル。家で作れば添加物を避けることもできます。

ダイエット中の
夜ご飯は胃腸をいたわる気持ちを忘れずに。

おにぎり2個（高菜巻きと昆布）**と味噌汁**

夕食を用意するのが面倒だったり、残業できちんとした夕食が食べられない場合は、おにぎりでもOK。味噌汁はカップ味噌汁でも◯。

間食

上手な間食はダイエットの有効手段。食べるなら栄養バランスの良いおにぎりがおすすめです。

空腹を感じたら、おにぎりの出番です。おにぎりなら2個食べても大丈夫です。

食事と食事の間にお腹が空いてしまったら、おにぎりを食べてお腹を膨らませましょう。「おにぎりを食べる時間もない！」という人は、よく噛めるリンゴなどフルーツで補ってみては？

こんなことにも気をつけて！

水は1日2リットル以上飲みましょう！

添加物は、可能な限り避けるようにしましょう。

サラダにドレッシングはNG。ノンカロリードレッシングも△。おすすめはハーブソルトです。

木村式白米ダイエットで細マッチョルーティーンを実際にやってみた①

Before

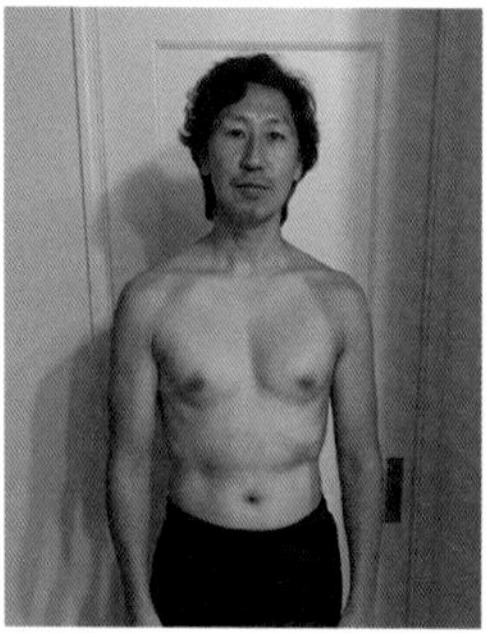

After

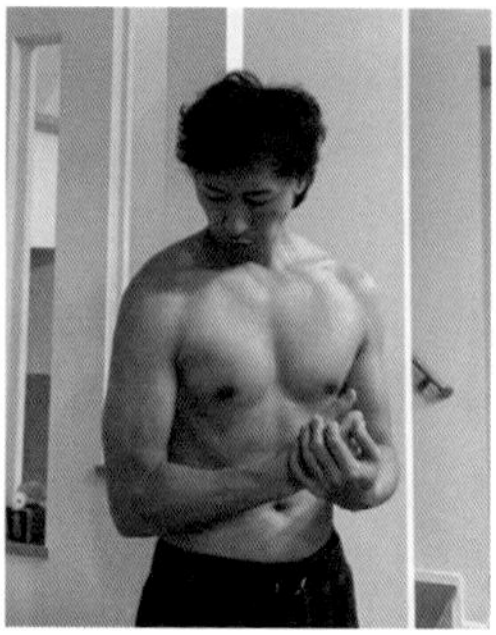

稲葉博文さん（44）

3ヵ月で **5.5**キロ減

3ヵ月で5・5キロの減量、秘訣は白米をたべること！！

Q 3ヵ月前と比べ大きく変わったことは何だと思いますか？

今まで食欲が湧いて仕方なかったのに、食欲が抑えられた状態が普通になったこと。白米はちゃんと食べていたからか、ストレスを感じることなく、今の状態を維持できている気がしますね。

Q 3ヵ月でどのくらい体重が落ちましたか？ また、身体の状態はどうですか？

3ヵ月で5・5キロ落ちました。感性が鋭くなったというか、感覚の精度が上がったという気分です。ウォーキングの最中などに、アイデアをひらめきやすくなったことを実感。これは非常に嬉しい恩恵でした。

Q オンラインレッスンはどうでしたか？

カリキュラムにそもそもオンラインレッスンが組み込まれているので、きついけれど心地よく実践し続けることができました。よかったです。それに、画面越しにトレーナーも一緒にやってくれていたのが大きいですね。

Q 身体の変化はどうですか？

腕の筋肉量が増えたことを実感しています。お腹も絞れて、見た目も3ヵ月前と違うことがはっきりわかるほど変わりました。自分でもびっくりするほどの変化です。

Q 食事の面できつかった点などありますか？

最初だけきつかった印象がありました。提示されたおかずの量の5倍は食べたいと思ったので。でも、2週間ぐらい続けていたら食欲が不思議と消えて、普通になっていました。白米をしっかり食べていいので、その点が食欲抑制に効いたのかもしれないと感じています。

Q 木村式白米ダイエットを3ヵ月前に始めていなかったらどうなっていたと思いますか？

気持ちが落ちていただろうな、と思いました。ダイエットや運動は、自己流だと試行錯誤してしまいがちです。効果が得られず、諦めていただろうなと思います。

Q 栄養士さんのアドバイスはどうでしたか？

毎日食事の写真を送って、毎日「OKですよ」とか「いいですね」とコメントやアドバイスをいただけたのと、自分でチョイスしたものでもいいのだ、という安心感を得られたのがよかったです。

Q 木村式白米ダイエットをやってみて、どういうところがおすすめでしょうか？

「徐々に成果が出てくる」「運動は基本短時間」「筋肉を落とさずにむしろ増やしながら体重を減らす」「健康的に減量したい」「脂肪を落としたい」という人にはもってこいのダイエット法だと思いました。出されたお題の通りにやるだけでOKなのも、本当に楽でした。

Q これからも楽しく続けていけそうですか？

そうですね。逆に培ったものを続けないともったいなさすぎるため、「キープしたい」「よりよくしたい」というほうにマインドが向いています。

Q 木村式白米ダイエットを始めるか悩んでいる方々に向けた言葉はありますか？

僕はビフォーアフターが大きかったので、そこをイメージするとチャレンジしてよかったと思っています。体型がスリムになったとか、減量できただけではなく、学んで手に入れた食事パターンや、身体の使いこなし方というのは、長期で見たら本当に価値があるものです。新しいことをやるのは勇気がいるものですが、一歩踏み出すと人生が変わります。

木村式白米ダイエットで細マッチョルーティーンを実際にやってみた②

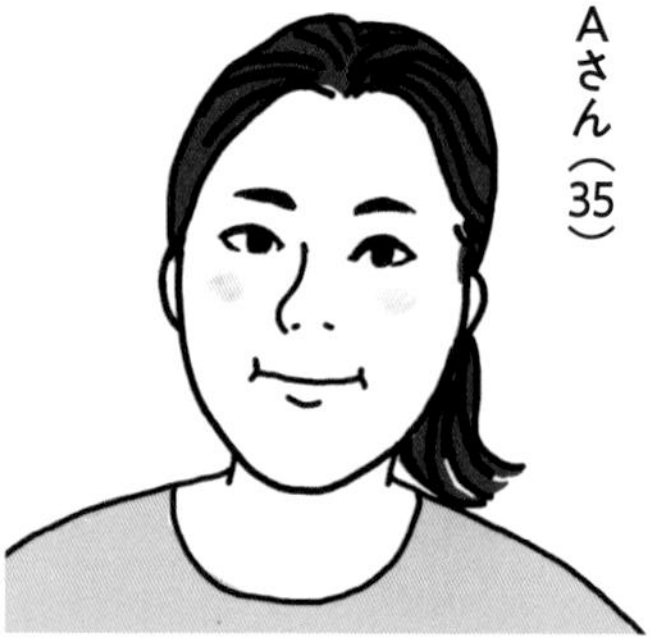

2ヵ月で7キロ減

2ヵ月で7キロ痩せて、健康な体になった!!

Q 2ヵ月間やってみてどうでしたか?

ダイエットを意識することなく、普通の食生活、普通の生活をしながら取り組めたのは驚きでした。木村式白米ダイエットでは、どのくらい食べたらどのくらい太るとか、どのくらい食べなかったらこれだけ落ちるなどが理解できたし、栄養士さんのコメントやアドバイスを受けて、塩分量なども体重の増減に関係してくることも勉強できました。今後にも非常に役立つ知識と行動法を得られたと実感しています。

Q 2ヵ月間で何キロ痩せましたか?

2ヵ月で7キロ痩せました。運動は心がけていましたが、過度な運動はせず、オンラインレッスンと与えられた宿題に加え、日々動くように心がけていたら、背中の脂肪が落ちたのを実感。ついには海外の洋服のMサイズが入るようになったのが嬉しかったですね。

Q 周囲から何か言われましたか?

1人、2人からは「すごく痩せたね」と言われましたけれど、反響はそれほど大きくなかったです。でも、始めた頃の写真と見比べると、毎日鏡を見ていると気付けなかった自分の変化がわかりました。身体のシルエットなどが締まって見えて、だいぶ体重が落ちたように感じましたね。

Q 痩せてできるようになったことやできるようになったことはありますか？

「ダイエットしなくては」「これ以上太ったら」と思うと手が伸びなかった食事が、今では普通に制限なくできるのが嬉しいですね。今までのダイエットは、「あれは食べちゃダメ」「これも食べちゃダメ」というイメージが強かったのですが、これはお米をちゃんと食べながら普通の食生活を送れて、それが今も続けていいのがすごく嬉しいことです。

Q 木村式白米ダイエットを2ヵ月前に始めていなかったらどうなっていたと思いますか？

太っていたか、さらに太っていたかなと思います。それに、不健康な食生活が続いていたんだろうな、と考えると、ちょっと怖いです。

Q 木村式白米ダイエットのどういうところがおすすめでしょうか？

全体的におすすめですけど、食生活の基本と、運動する生活の基本をつかめるのが一番おすすめの部分です。ダイエットしている感覚にはならず、今後一生このように自分の身体と向き合うやり方が学べたのは、本当に大きな収穫だったので、そこをおすすめしたいです。自分自身の身体を知りながら、自分自身を見つめ直し、楽しくしたいという感覚ではなく、減量しながら普通の生活を考えていく、そんなふうに考えたい人にはぴったりだと思います。

Q これからの目標を教えてください

2ヵ月やってきて7キロ落としたので、あと3キロ痩せたいですね。一番痩せていたころがそのぐらいなので、自分自身でこの木村式白米ダイエットをやりながら、目標に向けて学んだ習慣を続けていきたいです。

はじめに

こんにちは、木村悠です。

この度は、「白米をがっつり食べて痩せる！　細マッチョルーティーン」にご興味を持っていただき、誠にありがとうございます。

これは、ボクサー時代、減量に苦しんでいた僕に、ある減量の専門家が教えてくれたダイエット法がベースとなっています。

中学生のときにボクシングを始めた僕は、大学1年生のときに全日本選手権で優勝。大学卒業後に、名門の帝拳ジムでプロデビューを果たしました。しかし、挫折をきっかけに商社に入社。それ以降は、商社マンとボクサーの二刀流で、当時は「商社マンボクサー」として注目を集めました。

ただ、アマチュア時代から僕を悩ませていたのが減量でした。プロとアマチュアを合わせれば、100回以上の試合を経験。そのたびに、減量を経験してきました。少ないときで約5kg、多いときだと約10kg、1ヵ月から1ヵ月半ほどかけて落としていかなければ

ばなりません。でも、僕はこの減量が苦手で、いろいろな減量法にトライし続けました。

例えば、3食のうち1食をサプリメントやフルーツに置き換える「置き換えダイエット」。痩せるサプリメントや燃焼系のサプリメントなども試しました。ほかにも、「白米を食べない」「おかずを食べない」といった極端な食事制限をやったこともあります。でも、なかなか続かないし、結果も出ません。一時的に痩せても、試合に負けてしまったり、パフォーマンスを著しく下げてしまったり……。本末転倒な減量方法を試したこともありました。

そんななかで、ある減量の専門家と出会い、アドバイスをいただいて、「食べないで痩せる方法」から「食べながら痩せる減量方法」へ切り替えたのです。結果、なんと2週間でマイナス3kg、自然に痩せることができました。

当時の僕は朝トレーニングをして、日中はサラリーマンとして働き、仕事が終わってからジムに行くという生活をしていたのですが、ジムに行く頃にはヘロヘロで、効果的な練習がほとんどできていませんでした。ところが、この「食べながら痩せる減量方法」で心も体も変わった私は健康的になり、スタミナもついてきて、フレッシュな状態で1日を過ごすことができるようになったのです。それからは、連戦連勝。ついに、世界チャンピオンになることができました。

このダイエットのポイントは、「ライスアップ」。つまり、お米の量を増やすことです。「お米って太るんじゃないの？」と思った人は、その考えを捨ててください。白いご飯は消化がよいので消化器官に負担がかかりにくく、代謝が上がって太りにくい体質を手に入れることができる食材。しかも、白いご飯は栄養も豊富です。つまり、この「細マッチョルーティーン」は、お米の特性とカラダのメカニズムを踏まえた理にかなったダイエット方法なのです。理にかなっているからこそ、空腹感に苦しめられたり、辛さを感じることはほとんどありません。

昔からお米を食べてきた日本人には相性抜群の方法です。

栄養バランスのよい白米をしっかり食べて減量し、適度なエクササイズを加えて健康的なボディを実現。細マッチョルーティーンで、理想のボディを手に入れましょう。

２０２４年３月吉日

元ボクシング世界チャンピオン
株式会社 ReStart 代表取締役

木村悠

目次

第3章

コンビニ飯も居酒屋飯もアリな お手軽細マッチョメニュー 53

MODEL MENU

第4章

ストレスをあまり感じないで 細マッチョルーティーンを成功させるコツ 87

第5章

勝手に痩せていく身体を手に入れる ライスアップの秘訣！ 95

第6章 もっと知りたい！ 細マッチョルーティーン 103

第7章 1日3分でできる！ 簡単ボクシングエクササイズ 119

EXERCISES

第8章 その不安や疑問世界チャンピオンがお答えします！ 131

COLUMN

第1章

なぜ細マッチョルーティーンは成功率が高いのか？

そもそも細マッチョルーティーンって何？

93・5％の人が1ヵ月でマイナス3kgを実現

簡単に言えば、白米をたっぷり食べて痩せる方法です。「白米って、太るんじゃないの？」「栄養が偏りそう」なんて思った人は、今すぐそんな間違った思い込みは捨ててください。

白米を正しく食べる習慣を身につければ、多くの人が痩せていきます。実際、「木村式白米ダイエット」に参加した人の93・5％が、1ヵ月でマイナス3kgを実現しています。

しかも、白いご飯は栄養豊富。ビタミンBや食物繊維のほかに、亜鉛、マグネシウム、カルシウム、鉄、タンパク質などが含まれています。また、白米は消化がよいため、消化器官に負担がかかりにくく、代謝が上がって太りにくい体質を手に入れることもできます。もちろん、空腹を我慢することもないので、基本的に「目標を達成したあとにドカ食いしてリバウンドしてしまった」という失敗もありません。

白米をしっかり食べることで、空腹感に悩まされることもなく、代謝が上がって太りにくい体質を手に入れることもできるダイエット。それが細マッチョルーティーンです。これに簡単なエクササイズをプラスすれば、引き締まったバランスのよいボディも夢ではありません。

成功率93・5%の理由

白米をしっかり食べるので、空腹を感じにくい

ご飯は腹持ちがよいだけでなく、糖質もきちんと摂取することができます。

皆さんは、「きちんと昼食を摂ったのに、すぐに甘い物を食べたくなってしまう」という経験をしたことはありませんか？　それは、「脳の食欲」のせいかもしれません。

脳はブドウ糖（糖質）を主な栄養源にしていますが、食事に糖質がほとんど含まれていないと、脳が栄養不足を感じて、「何か食べたい」「糖質が欲しい」とサインを出

してしまうのです。これによって、お腹は満たされているにもかかわらず、余計なものを食べてしまうわけです。

その点、炭水化物をメインの栄養素とするご飯には脳の栄養源となる糖質も多いため、脳は栄養不足に陥りません。そのため、「何か食べたい」というサインを出すこともなく、余分なものを食べることもなくなるというわけです。

つまり、「脳の食欲」に抵抗する必要がないので、無理なくダイエットを成功させることができるのです。

一汁一菜でOK。難しいことは考えなくてよい

栄養素をきちんと摂るためには、いろいろな料理を食べなければいけないと思っていませんか？　答えは「ノー」です。白米自体にたくさんの栄養素が含まれているので、何品もおかずを食べる必要はありません。白いご飯以外に食べなければいけないのは、基本、一汁一菜。一生懸命カロリー計算をしたり、自炊したりする手間もかかりません。インスタントの味噌汁とコンビニのサバの味噌煮、白いご飯だけで問題なし。手軽で簡単なのも、細マッチョルーティーンの魅力です。

代謝が上がって太りにくい体質に

白いご飯は消化がよいので消化器官に負担をかけにくくエネルギーの燃焼効率が良く代謝も上がるため、太りにくい体質を手に入れることができます。

ごはん1杯に含まれる栄養

炭水化物
55.7g
カラダを動かすための
パワーの源となる

たんぱく質
3.8g
血や肉、細胞など、
カラダの基本をつくる

食物繊維
2.25g
お腹の調子を整え、
病気を予防する

亜鉛
0.9mg
さまざまな酵素を
活性化させる

マグネシウム
11mg
骨や歯の発育・強化を
促進する

鉄
0.2mg
カラダのすみずみまで
酸素を運ぶ

カルシウム
5mg
丈夫な歯や骨をつくる

ビタミンB2
0.02mg
カラダの調子を整え、
美肌をつくる

ビタミンB1
0.03mg
疲れたカラダを
元気にする

脂質
0.5g
効率のよいエネルギー源で、
カラダの細胞をつくる

文部科学省「八訂日本食品標準成分表」より

COLUMN 1

明日から実践！
ダイエット10箇条

1 お酒は飲まない（控える）

2 お菓子を食べない

3 パン、麺など小麦類は食べない

4 お米を1日2回以上食べる

5 おかずを残してお腹いっぱいにしない

6 タンパク質（肉、魚、豆、乳製品）は
多くても2種類以内

7 食事は15分以上よく噛んで食べる

8 お腹がグーとなってから食べる

9 塩分を少なくして薄味に慣れる

10 水分は1日2～2.5リットル摂る

細マッチョルーティーンのポイントって？

細マッチョルーティーンのポイントは、次の４つ。この４つを正しく理解して、実践することで、誰でも無理なく、健康的で美しいカラダを手に入れることができます。

栄養を摂る

白いご飯は驚くほど栄養素が豊富。しかも、ビタミンＢや食物繊維、亜鉛、マグネシウム、カルシウム、鉄、タンパク質などがバランスよく含まれています。

カラダを浄化する

カラダを洗う＝浄化するには、水を飲むことが必須です。ただ、紅茶やコーヒーなどは飲んでもＯＫですが、水分としてカウントされません。なぜなら、紅茶やコーヒー、お茶に含まれるカフェインには利尿作用があり、せっかく補給した水分を体外に排出してしまうからです。ジュース類も多くの糖分が含まれているので、飲み過ぎると急性の糖尿病に陥る危険性が高くなります。選択肢は水のみです。水をたくさん飲んで、血液を洗い、不純物を体外に排出し、健康なカラダの土台を取り戻します。

代謝を上げる

ダイエットのコツのひとつは代謝を上げること。栄養をしっかり摂り、過度な運動は避け、十分な睡眠をとることを習慣にしていけば、次第に代謝は上がっていきます。

しっかり休む

疲れが溜まると代謝は落ちます。内臓も休ませてあげなければパフォーマンスは落ち、余計なものを溜め込もうとします。頑張りすぎないこと。しっかり休まないと、人は痩せません。

細マッチョルーティーン、6つのルール！

1 ご飯とおかずは6対4

ご飯とおかずは6対4の割合。これが、食べ過ぎず、食べなさ過ぎない「ゴールデンバランス」です。また、おかずにはダイエットの大敵である塩分や脂質が多いので、たくさん食べると胃腸の消化に余計な負担をかけてしまいます。おかずの食べ過ぎには注意しましょう。

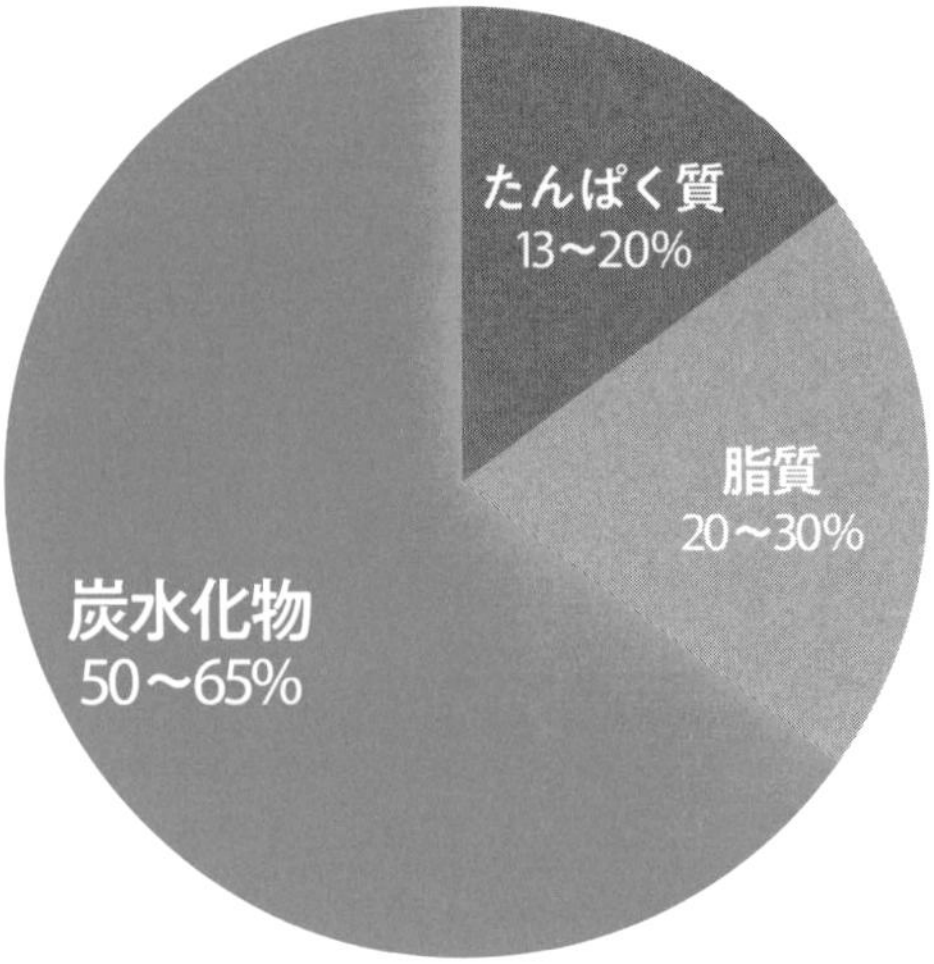
たんぱく質
13〜20%
脂質
20〜30%
炭水化物
50〜65%

18〜49歳までの男女
厚生労働省「日本人の食事摂取基準（2020年版）」より

ご飯6対おかず4の割合は、上図が示す通り、厚生労働省も推奨している栄養配分です。

2 水を1日2リットル以上飲む

水には、体内に溜まった塩分、老廃物や毒素を洗い流す作用があります。また、水を飲む習慣をつけると、汗をかきやすくなり、お通じもよくなります。最初は、1日2リットル以上飲むのは大変かもしれません。でも、木村式のやり方でコツをつかんで習慣化すれば、意外に簡単です。

3 1日2食は白米を食べる

1日のお米の量は、だいたい2~2合半。炊き上がった白いご飯に換算すると700~875グラムで、茶碗5、6杯分。これを2回で食べるとなると、1食につき、茶碗2~3杯のご飯を食べる計算になります。これはちょっとしんどいかもしれませんね。でも、3食白いご飯を食べることにすれば、1回につき白いご飯は茶碗2杯ほど。間食におにぎりを食べるようにすれば、食事中の白いご飯の量は、さらに減らすことができます。

4

よく噛んで食べる

15分以上かけて食べることで、唾液中の消化酵素の分泌が活発になると同時に、よく噛んで食べ物を細かく砕くことで、胃腸への負担も軽減されます。また、ゆっくり食べることで満足感が得られ、食べ過ぎを防ぐこともできます。さらに、胃腸が無理せず働けるので、代謝を上げることにつながりますし、脳への血流がよくなることから、老化の抑制にもつながるといわれています。

5

4～5時間のインターバルを目安に

食事と食事の間隔は、長すぎれば食べ過ぎに繋がるし、短すぎれば胃腸が休まりません。そこで、4～5時間のインターバルでお腹に何かを入れることをすすめています。もちろん、食欲が湧かなければこの目安に従う

ある日のメニュー

7時 **朝食**
おにぎり、味噌汁、フルーツ

5時間

12時 **昼食**
定食スタイル

4時間

16時 **間食**
おにぎり

4時間

20時 **夕食**
ご飯、味噌汁、小鉢

2時間

22時 **就寝**

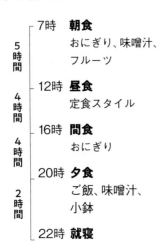

必要はありません。

ただし、4時間のインターバルが過ぎたからといって、就寝前に何かを食べるのはおすすめしません。カラダが食べ物の消化を優先して、眠りが浅くなるためです。就寝まで2時間ほどは空けましょう。「お腹が空き過ぎて眠れない！」というときは、お粥やおにぎりなどの軽食に限っては食べてもよいです。

6

きちんと眠る

睡眠を十分にとらないと、カラダがしっかり回復せず、血流が滞って内臓のパフォーマンスは低下します。そのため、頑張っているのに体重がなかなか落ちないのです。

個人差はありますが、睡眠時間は7〜8時間はとるようにしましょう。ホルモンバランスからいっても、夜12時より前に就寝するのがよいとされています。

また、寝る直前の水分摂取は、夜中に起きる原因にもなりますので、避けるようにしましょう。

自分に合ったお米の量が分かる
お米診断

LINEで「オンライントレーナー」を友だち追加して、トーク画面で「おすすめダイエット診断」と入力。表示された「お米診断」に進むと、トーク画面で診断がスタート。

❶

❷

❸
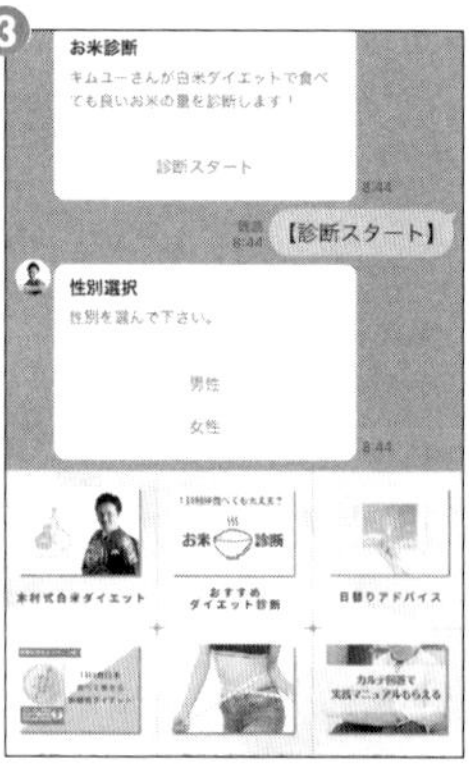

❹
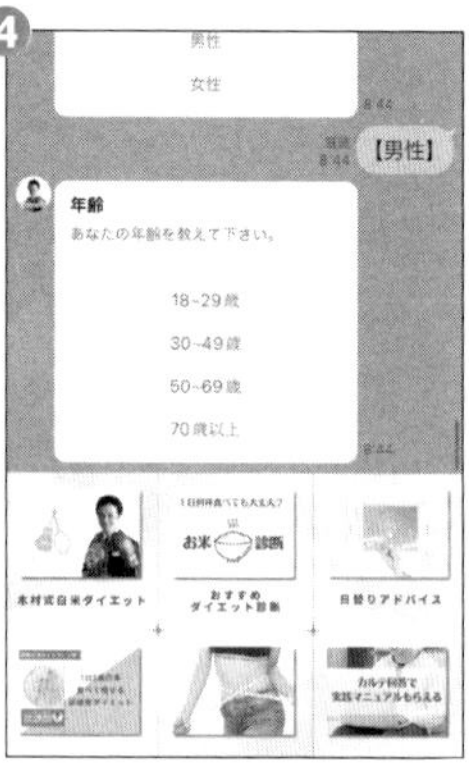

❺
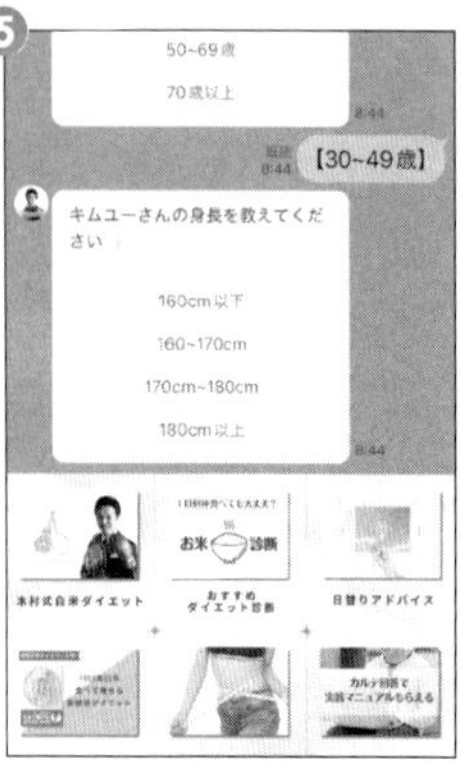

❻

オンライントレーナー

白米ダイエット

▲LINE公式
アカウントページは
こちら

COLUMN 3

痩せたいなら燃焼力重視！

料理には、燃焼力が高い料理と低い料理があることを知っていますか？一般に燃焼力の高い料理とは、カラダに入ったときに栄養になりやすい料理のことで、なかでもビタミンやミネラルはエネルギー消費を促します。

では、ここに800キロカロリーのランチ定食と600キロカロリーのカップラーメンがあったとします。ダイエット中のあなたは、どちらを選びますか？

「カロリーが低いカップラーメン」と答えた人は、残念ながら間違い。「カロリーが低いほうがダイエットには効果的」という考え方は捨ててください。

カロリーはもちろん大事です。しかし、カップラーメンのように添加物によって大事なビタミンやミネラルを消費してしまう食品ではなく、栄養バランスがよくて燃焼力が高い定食のほうがエネルギーを消費しやすく、満腹感も得られやすいのです。細マッチョルーティーンを実践すれば、カロリーが少しオーバーしても痩せられ、燃焼しやすいカラダに変わっていきます。

カロリーだけを気にするのではなく、加工されていない、生きた食材を摂るように心がけてください。カロリーより、食品の「中身」を大切にしましょう。

第2章

いよいよスタート！「細マッチョルーティーン」

まずは〝自分の量〟を知ろう

1日に必要なカロリーを知る

成人30～40代の1日に必要なカロリーは、男性が2700キロカロリー、女性が2050キロカロリー。ただ、年齢はもちろん、人によって身体活動レベルは異なるので、「推定エネルギー必要量（kcal／日）」の表を見て、自分が1日に必要なカロリーを把握しましょう。

1食分のご飯とおかずの量を把握する

1日に必要なカロリーが2700キ

（参考）推定エネルギー必要量（kcal/ 日）

性別	男性			女性		
身体活動レベル	Ⅰ	Ⅱ	Ⅲ	Ⅰ	Ⅱ	Ⅲ
18 ～ 29（歳）	2,300	2,650	3,050	1,700	2,000	2,300
30 ～ 49（歳）	2,300	2,700	3,050	1,750	2,050	2,350
50 ～ 64（歳）	2,200	2,600	2,950	1,650	1,950	2,250
65 ～ 74（歳）	2,050	2,400	2,750	1,550	1,850	2,100
75 以上（歳）	1,800	2,100	—	1,400	1,650	—

厚生労働省「日本人の食事摂取基準（2020年版）」より

1 身体レベルは低い、ふつう、高いの３つのレベルとして、それぞれⅠ、Ⅱ、Ⅲで示した。

2 レベルⅡは自立している者、レベルⅠは自宅にいてほとんど外出しない者に相当する。レベルⅠは高齢者施設で自立に近い状態で過ごしている者にも適用できる値である。

ロカロリーの男性なら、ご飯対おかずが6対4なので、ご飯1620キロカロリー対おかず1080キロカロリー。

1日に必要なカロリーが2050キロカロリーの女性なら、ご飯対おかずが6対4なので、ご飯1230キロカロリー対おかず820キロカロリー。

あとは、このカロリー量に合わせてご飯とおかずを選んでいくだけ。加工食品や添加物を避けるためには自炊がベストですが、それを強要してしまうと長続きしませんよね。ですから、コンビニや居酒屋、ファミレスの料理も上手に使いましょう。

（P54～79・86参照）

ただ、摂取カロリーは、どのくらい減量したいかによって異なってきます。摂取カロリーが分からなければ、遠慮なく私に相談してくださいね。P38のお米診断も利用してみてください。

細マッチョルーティーン、始めるぞ！

自分の体重を記録する

月曜日から日曜日をひとつの周期と考え、1週間ごとに目標を掲げましょう。周期の最後に土・日曜日をもってきたのは、「食べ過ぎた」「甘い物を食べちゃった」といった〝ルール破り〟をしても、この土・日曜日でなんとかカバーすることができるからです。月曜日から、また新たな気持ちで取り組むことができます。

細マッチョルーティーンをスタートさせる月曜日は、朝起きてトイレをすませたら、洋服を着ないで体重を計ります。さらに、帰宅したら就寝前にもう一度体重を計って記録しましょう。1日2回、朝と晩に体重を計るのを忘れずに。

朝食、昼食、夕食は2対5対3の割合で

細マッチョルーティーンは、朝ご飯と昼ご飯はしっかり食べて、夜ご飯は軽めにして寝るというのが基本。翌朝、お腹が空いた状態で目覚めるのが理想です。

ダイエット表記入例

2月　28日　水曜日

体重

朝　65.0　kg

夜　64.5　kg

食事

	時刻	主なメニュー
朝ご飯	7時　00分	ご飯、味噌汁
昼ご飯	12時　10分	ブリの照り焼き定食
間食	15時　40分	梅干しのおにぎり１個
夜ご飯	19時　30分	ご飯、豚キムチ、味噌汁

お通じ

1　回

朝は「浄化」を意識

朝は、まずコップ1杯の水を飲んで、睡眠中に体内に溜まった老廃物を洗い流します。朝ご飯はこれからです。味噌汁とご飯にフルーツを加えるなど、シンプルな献立がよいですね。1日の食事量の10分の2が目安。1日に必要なカロリーが2700キロカロリーの男性なら、朝食は540キロカロリーくらいに収めましょう。

ご飯とおかずの割合は6対4ですから、ご飯が324キロカロリーで、おかずが216キロカロリー。

1日に必要なカロリーが2050キロカロリーの女性では、朝食は410キロカロリーで、ご飯とおかずは、それぞれ246キロカロリーと164キロカロリーとなります。

昼はガッツリ食べる

脂肪が燃えやすい昼ご飯は、1日の食事のメイン。1日の食事量の10分の5を目安に、ご飯のほかに肉や魚介のタンパク質もしっかり摂るようにしましょう。量が多い外食も、お腹が空いていれば、全部食べても大丈夫。ただし、このときも「ご飯6対おかず4」の黄金比は忘れずに。できれば、オーダーするときにおかずは少なめにしてください。

お弁当なら、シャケ弁当や幕の内弁当などの和食系のお弁当がおすすめです。

夜は食べ過ぎに注意

夜ご飯で大事なのは、食べ過ぎないこと。胃袋を満杯にしないで、睡眠中にしっかり胃腸を休めることが大事だからです。翌朝、お腹が空いて目覚めるリズムが身につけば、ダイエットは大きく前進します。

1日の食事量の10分の3を目安に、ときには肉や魚の代わりに卵や納豆でタンパク質を摂るようにしてみると、さらに消化がよくなります。

「ランチをしっかり食べたからお腹が空かない」という夜は、おかずを抜いた、おにぎりと味噌汁だけのようなシンプルな食事にしましょう。ダイエット中の夜ご飯は、胃腸をいたわる意識を持つことが大切です。

上手な間食はダイエットの強い味方

「昼食と夕食の間隔が開いてしまうため、お腹が空いて夕食をついつい食べ過ぎてしまったり、早食いになってしまったり……。なんとかならないかな」と思っている人は、間食を上手に使って、食欲をコントロールしましょう。

おすすめはおにぎり。それも、梅干しやおかか、昆布など昔からおにぎりの具材として使われているものは、添加物が少なく、間食として最適です。また、リンゴなどのような噛みごたえのある果物で空腹をまぎらわすのもおすすめです。

ただし、ダイエット期間中は、間食とはいえ、スイーツやジャンクフードは禁止です。

「太り期」と「痩せ期」って何？

細マッチョルーティーンでは、「就寝前」と「朝起きてすぐ」に体重を計ることがひとつのルール。では、その体重差はどのくらいですか？　じつは、この体重差こそがあなたの基礎代謝だと考えてください。

毎日測定していると、代謝に変化があることに気づくはずです。そう、代謝にはバイオリズムがあるのです。

細マッチョルーティーンでは、代謝が低いときを「太り期」、代謝が高いときを「痩せ期」と呼んでいます。つまり、「太り期」は、頑張ってもなかなか体重が落ちない期間。こういうときは、頑張りすぎず、ゆっくり休養すること。逆に「痩せ期」は痩せるチャンスです。

誰にでも「太り期」と「痩せ期」はあります。自分の「太り期」と「痩せ期」を知って、ムリせず、焦らず、目標体重まで落としていきましょう。

痩せ期と太り期のイメージグラフ

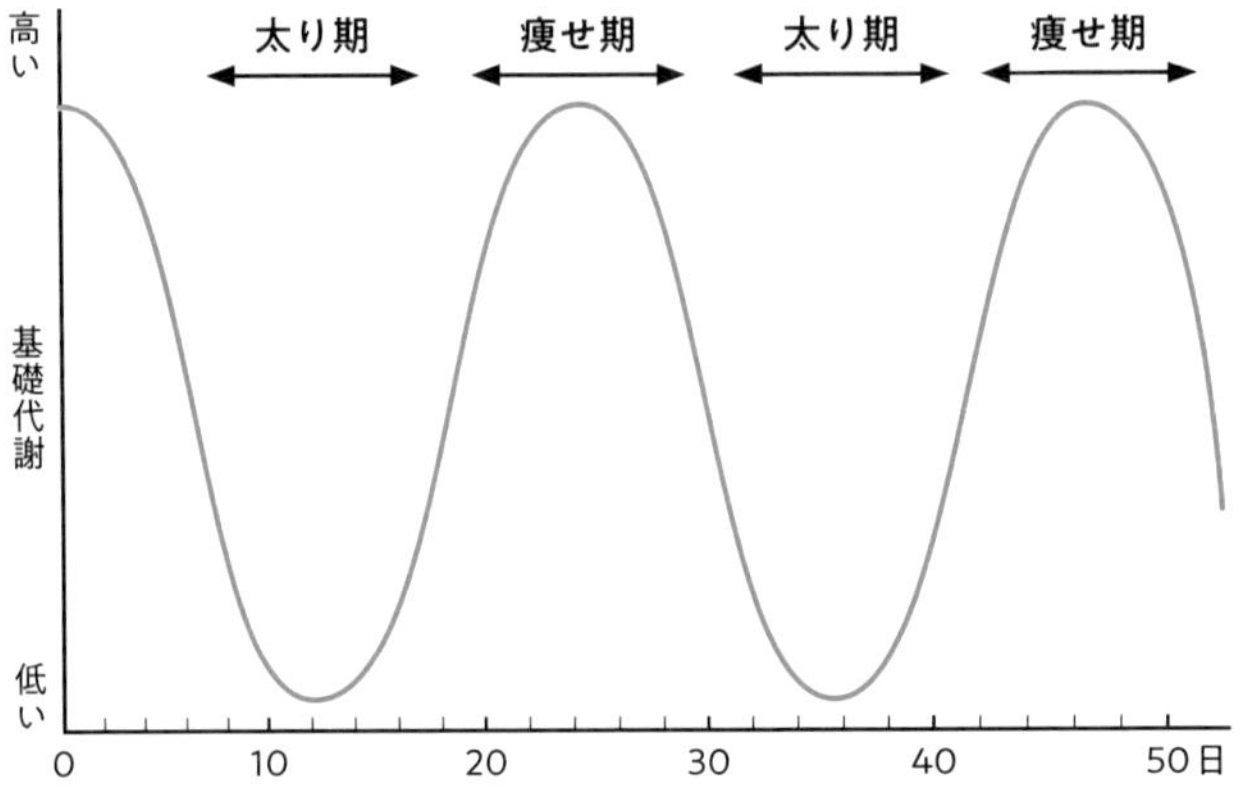

※グラフはイメージです

COLUMN 4

「太り期」の特徴

・食欲が麻痺する
・甘いもの、味が濃いものがほしくなる
・加工食品が食べたくなる
・体重が増える
・胃腸がなんとなく重い
・カラダがだるい、疲れやすい
・お通じがスムーズではない
・寝つきが悪い
・睡眠が浅い、起きてもすっきりしない
・あきらめやすい
・歩くと腰が張る
・カラダがむくんでいる感じがする

「痩せ期」の特徴

・食欲が安定する
・シンプルな食事が食べたくなる
・食べても体重が増えない
・胃腸がすっきり
・カラダが軽い
・お通じがよい
・寝つきがよく、目覚めもよい
・好奇心旺盛
・集中力が増す
・ポジティブな思考
・歩くことが心地いい
・カラダがすっきり締まっている

1日1回は「お腹グ〜」

細マッチョルーティーンでは、胃腸のご機嫌をよくしておくことが重要です。そのためには、1日最低1回は、お腹を空っぽにすることを意識しましょう。

判断基準は、「グ〜」というお腹の音。この音を聞くまでは、食べ物をお腹に入れないこと。なぜなら、空きっ腹でお腹が「グ〜」と鳴るのは、休んだ胃腸がまた動きだそうとする合図だからです。

さらに、満腹を感じたら潔く食事を終わらせること。外食などではおかずを食べ過ぎることが多いので、注文するときに、「おかずの量を少し減らしてください」とお店の人にお願いするのもいいでしょう。

大切なのは、目の前に出された量ではなく、自分の胃腸のキャパに合わせて食べること。もったいない精神でお腹がいっぱいでも食べてしまうのは、肥満のもと。ダイエットの失敗にもつながることを忘れないでくださいね。

第3章

コンビニ飯も
居酒屋飯も
アリなお手軽
細マッチョメニュー

「手軽」「簡単」「安い」で成功を後押し

細マッチョルーティーンでは、基本的に自炊がおすすめ。でも、それをルールにしてしまったら、「ダイエット成功」のハードルはグンと上がってしまいます。成功する人は、一気に半減してしまうかもしれません。

そこで考えたのが、コンビニ飯や居酒屋飯を上手に取り込んだ「細マッチョルーティーンのモデルメニュー」です。1日に必要な摂取カロリーは2700キロカロリー（30代、40代で身体活動レベルが普通の男性の必要摂取カロリー）と、2050キロカロリー（30代、40代で身体活動レベルが普通の女性の必要摂取カロリー）で計算しています。ご自身の必要摂取カロリーに合わせて、量を調整してください。

タイプ別のモデルメニュー

始める前に

いよいよ「細マッチョルーティーン」のスタート。でも、張り切って始めたものの、「こんなにご飯は食べられない」と早くも〝脱落モード〟に陥ってしまう人、じつは多いんです。

そんな人は、無理に分量通りのご飯を食べる必要はありません。おかずの量はそのままに、1日のご飯の量を男性は約500グラム、女性は約400グラムに減らしましょう。まずは、白米をしっかり食べる習慣を身につけ、徐々にご飯の量を規定の分量まで増やしていけばOKです。

摂取カロリー見本

	朝		昼		夜	
男性 2700kcal	540kcal		1350kcal		810kcal	
	ご飯	おかず	ご飯	おかず	ご飯	おかず
	324kcal	216kcal	810kcal	540kcal	486kcal	324kcal
女性 2050kcal	410kcal		1025kcal		615kcal	
	ご飯	おかず	ご飯	おかず	ご飯	おかず
	246kcal	164kcal	615kcal	410kcal	369kcal	246kcal

ほぼ外食派
（独身男性）

自炊することはめったにないタイプで、1年を通して食事はコンビニエンスストアや定食屋、大手のチェーン外食店、ラーメン店などに頼っている。ラーメンや丼もので済ませることも多く、基本的に食事には無頓着。ただ、30歳を過ぎて、体重が右肩上がりなのが少々気になり始めている。ダイエットをするほど切羽詰まってはいないものの、少し食生活を気にした方がいいかな、と思い、細マッチョルーティーンを始めた。

TOTAL
2423kcal

朝　534kcal

・パックご飯（300g）…… 420kcal
・カップタイプの豚汁…… 114kcal

昼 1075kcal

・豚の生姜焼き定食（豚の生姜焼き、ご飯〈大盛り300g、420kcal〉、味噌汁、漬物、冷や奴）…………1075kcal

夜 814kcal

・牛すき焼き弁当 …………814kcal

外食なら「和定食」を選ぶのが賢いチョイス。丼ものは早食いになりやすいので避けたほうがよいです。

ほぼ外食派
（独身女性）

会社に入って８年目。仕事がちょっと面白くなってきた１人暮らしの独身女性。子どもの頃から丈夫で、健康やスタイルを気にすることもなく、好きなものを好きなだけ食べてきた。でも、30歳を過ぎてお腹周りの脂肪が気になりだした。「このままの状態が続けばマズいことになる」と思い、ダイエットをしようと考え始めた。でも、料理は苦手だし、空腹を我慢するのも辛い。そこで注目したのが細マッチョルーティーンだった。

TOTAL
1953kcal

朝　394kcal

・パックご飯（200g）…… 280kcal
・カップタイプの豚汁…… 114kcal

昼 883kcal

・回鍋肉定食（ご飯、回鍋肉、半熟卵、味噌汁）……………… 883kcal

夜 676kcal

・焼き鮭弁当 … 600kcal

・野菜たっぷり味噌汁 …………………76kcal

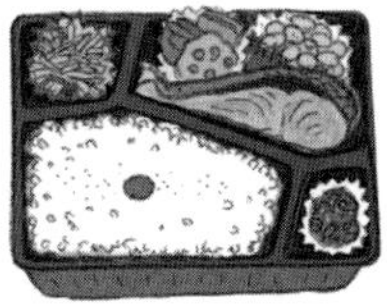

最初は
1回の食事でご飯を
200gも食べられない人もいるでしょう。そんなときは無理せず食べられる分だけ食べて、足りない分は間食に塩むすびを食べて補うのがおすすめです。

ほぼ外食派
（家族あり男性）

家族と住んでいるので基本的に母親がつくる料理を食べているが、平日は帰宅時間が遅く、仕事帰りに１人暮らしの同僚と一緒に夕食を食べて帰ることが多い。ただ、「朝ご飯だけはちゃんと食べて行きなさい」という母親の言葉に従い、社会人になってからは朝食はきちんと食べるようにしている。「最近、ちょっと太った？」という先輩女性の言葉に、「ダイエット」の５文字が頭に浮かび、細マッチョルーティーンを始めた。

TOTAL
2158kcal

朝 534kcal

・パックご飯（300g）···· 420kcal
・カップタイプの豚汁···· 114kcal

昼 781kcal

・ご飯（300g）……………………420kcal

・豚キムチ炒め……………………285kcal

・野菜たっぷり味噌汁……………76kcal

夜 843kcal

・ブリの照り焼き定食（ブリの照り焼き、ご飯〈大盛り300g、420kcal〉、味噌汁、漬物、冷や奴）………843kcal

居酒屋で焼き魚や焼き鳥とご飯という組み合わせはOK。ただし、ダイエット期間中は、一緒にビールや焼酎を飲むのは諦めて！

ほぼ外食派
（家族あり女性）

家族と同居しているので、母親がつくる料理を食べるのが基本。ただ、友だちと食べ歩きをするのが大好きなので、話題のレストランやカフェ、スイーツショップなどへ行くことも多く、ついつい食べ過ぎてしまうことも……。体重も増加傾向だし、両親もどちらかといえばぽっちゃり体型なので、そろそろ食生活を見直して、ダイエットを考えたほうがいいのかな、と迷った末、細マッチョルーティーンに挑戦することに。

TOTAL
2073kcal

朝　426kcal

- ご飯（200g）…………280kcal
- だし巻き卵（40g）………70kcal
- 野菜たっぷり味噌汁……76kcal

昼 790kcal

・サバの味噌煮定食
（サバの味噌煮、ご飯〈大盛り300g、420kcal〉、冷や奴、味噌汁）………790kcal

夜 857kcal

・丼ご飯……… 400kcal

・牛すじの煮込み
（489g）……… 400kcal

・冷や奴（100g）
……………………57kcal

「スマホを見ながら」「テレビを見ながら」など、「ながら食べ」はダメ。1日1食くらい食事に集中しましょう。

自炊派
（独身男性）

子どもの頃から料理が好きで、休みの日は家族に得意料理を振る舞っていた。1人暮らしを始めた大学生のときから自炊が基本。お弁当も慣れてしまえば、それほど苦にならない。ただ、自炊にこだわりすぎると自分の首を絞めてしまうので、仕事が忙しいときなどは定食屋を利用することも……。ダイエットのためだけでなく、体調管理のためにも細マッチョルーティーンを実践してみようと思っている。

TOTAL

2224kcal

朝 386kcal

- ご飯（200g）……………… 280kcal
- ホウレンソウのおひたし（100g）……………………………… 30kcal
- 野菜たっぷり味噌汁……… 76kcal

昼 1250kcal

・ご飯（450g）
……………………630kcal

・おかず
（ひじきとごぼう入りのつみれ、ホウレンソウのおひたし、だし巻き卵、ミニトマト、野菜の白和えなど）
……………………620kcal

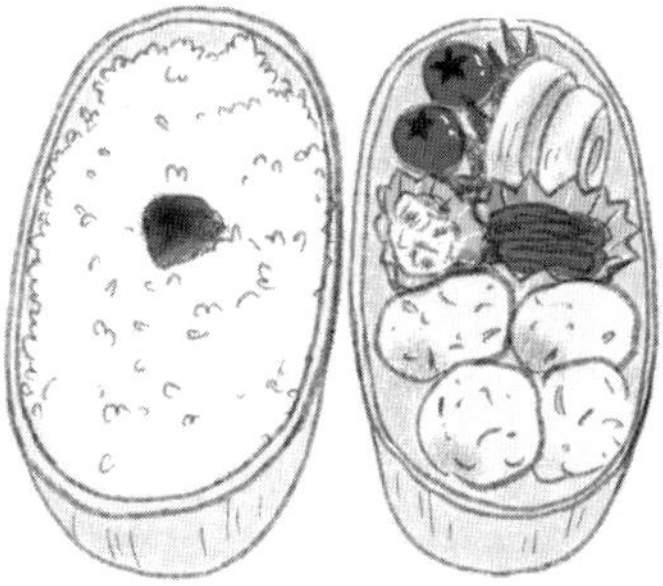

夜 588kcal

・ご飯（250g）…350kcal

・鮭の塩焼き ……92kcal

・だし巻き卵（50g）
……………………70kcal

・野菜たっぷり味噌汁
……………………76kcal

お腹が空いていなければ、夜ご飯は抜いてもOK。夜ご飯を軽くするルーティーンが身につくと、驚くほど朝の目覚めがすっきりしますよ。

自炊派
（独身女性）

共働きだった両親の代わりに、小学校高学年ぐらいから夕食をつくっていたので、１人暮らしを始めてからも自炊は当たり前。むしろ１人分だけでよいので、気軽になったくらい。最近はスイーツづくりに凝り始め、時間があると友人と人気のスイーツ店を食べ歩き。そのせいか、お腹の周りが気になりだした。きちんと食べて健康的に痩せることを目標にしているので、「細マッチョルーティーンを試してみようかな」と思っている。

TOTAL
2145kcal

朝　386kcal

・ご飯（200g）…………… 280kcal
・ホウレンソウのおひたし（100g）…………………………… 30kcal
・野菜たっぷり味噌汁……… 76kcal

MODEL MENU

昼 1000kcal

・ご飯（300g）
…………………420kcal

・おかず
（チキンソテー、ホウレンソウのおひたし、茹で卵、茹でたブロッコリー、ミニトマト、など）
…………………580kcal

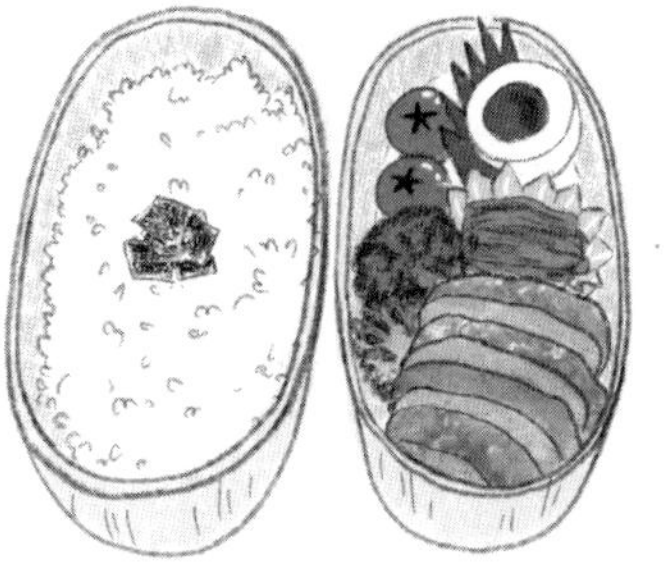

夜 759kcal

・ご飯（250g）
…………………350kcal

・豚の角煮（150g）
…………………333kcal

・野菜たっぷり味噌汁
…………………76kcal

添加物が使われていない食材を選ぶことも重要です。その意味では、ハンバーグよりシンプルに焼いただけの肉のほうがおすすめです。

自炊派
（家族あり男性）

妻と子どもと３人暮らし。健康診断で「太り過ぎ」と言われ、ダイエットを始めることにする。「空腹を我慢することはできない」と思い、よい方法はないかと探しているなかで、白米をしっかり食べるダイエット方法を発見。昔から和食派でご飯大好きな自分には向いていると思い、始めることにした。妻に協力してもらい、お昼もお弁当を持参。自分でも料理をつくるようになり、食材にも興味を持つようになった。

TOTAL
2358kcal

朝 722kcal

- ご飯（350g）……………… 490kcal
- 牛のしぐれ煮 ……………… 208kcal
- キュウリとワカメの酢の物（小鉢1杯、約27.5g）………… 24kcal

昼 1250kcal

・ご飯（450g）
…………………630kcal

・おかず（ミニハンバーグ、だし巻き卵、野菜の白和え、ブロッコリー、ミニトマトなど）
…………………620kcal

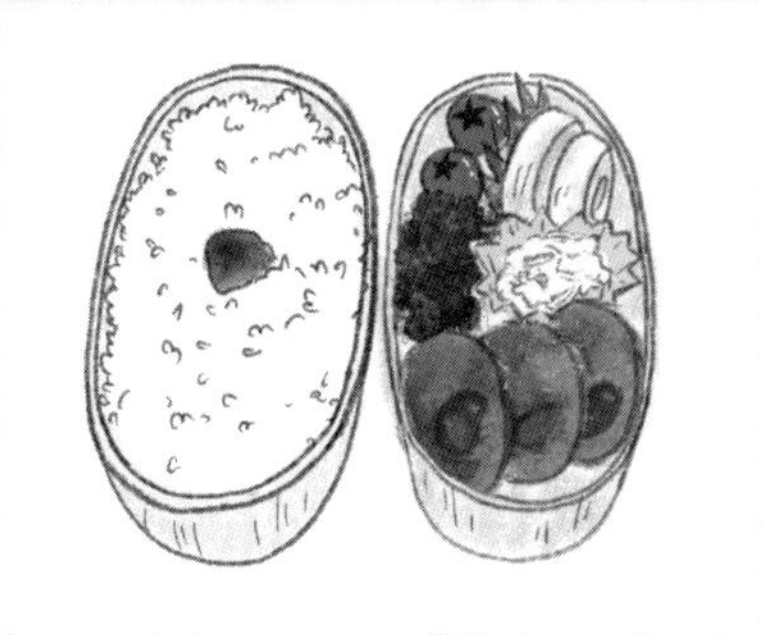

夜 386kcal

・ご飯（200g）
…………………280kcal

・ホウレンソウのおひたし（100g）
………………… 30kcal

・野菜たっぷり味噌汁
…………………76kcal

夕食はシンプルなメニューに。夜ごはんを軽くすることを習慣にしましょう。

自炊派
（家族あり女性）

夫と２人の子どもと４人暮らし。共働きだが、３年ほど前からほとんどリモートワークになったため、3食つくるようになる。ただ、通勤がなくなったことで、最近、体重が増加傾向。たまたま目にした細マッチョルーティーンに興味を持ち、始めることにした。毎日夫と子どものお弁当をつくるので、自分の昼食も栄養バランスを考えてお弁当にしている。おにぎりをつくり置きして、小腹が空いたときに食べるようにしている。

TOTAL
2062kcal

朝　444kcal

- ご飯（200g）…………280kcal
- 筑前煮（155g）…………129kcal
- タマネギとワカメの味噌汁…………35kcal

昼 980kcal

・ご飯（300g）……………………420kcal

・おかず（ポークソテー、茹で卵、野菜の白和え、ソーセージ、ミニトマト、漬物など）………560kcal

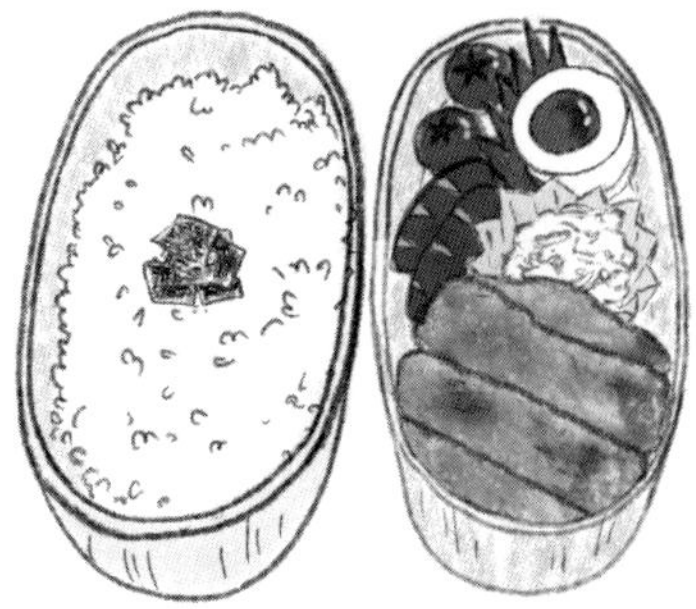

夜 638kcal

・ご飯（250g）……………………350kcal

・ほっけの塩焼き……………………184kcal

・オクラとミニトマトの和風マリネ……28kcal

・野菜たっぷり味噌汁……………………76kcal

体内に余分な塩分や脂質が溜まると代謝が下がります。脂質や塩分は控えるように心がけて！

自炊＋外食派
（独身男性）

1人暮らしだが、家で食べる食事は基本的に自分でつくっている。ただ、さすがにお弁当をつくるのは時間的に難しいので、昼は外食で済ませることが多い。健康診断で「太り過ぎ」を指摘され、今後、生活習慣病に発展しないように、ダイエットを始めることを決意。なかでも白米をしっかり食べる方法は、ご飯好きの自分にぴったりと考え、実践してみることにした。外食もOKという点も無理なくできそうな気がした。

TOTAL
2361 kcal

朝　551 kcal

・塩むすび……172kcal
・じゃこ高菜のおむすび……174kcal
・筑前煮（155g）……129kcal
・野菜たっぷり味噌汁……76kcal

昼 1252kcal

・味噌カツ煮定食（味噌カツ煮、ご飯〈超大盛り450g、630kcal〉、冷や奴、味噌汁）……1252kcal

夜 558kcal

・ご飯（250g）……350kcal

・ローストビーフ（50g）……132kcal

・野菜たっぷり味噌汁……76kcal

「ご飯6対おかず4」がゴールデンバランス。外食ではおかずを食べ過ぎる傾向にあるので、細マッチョルーティーン期間中はおかずを減らしてもらうように言ってみよう。

自炊＋外食派
（独身女性）

１人暮らしで、休日以外は外食のほうが多い。コンビニのお弁当などはあまり好きではないので、昼食は会社の近くで営業しているキッチンカーや個人経営の定食屋さんを利用することが多い。夜は居酒屋で焼き魚とご飯という組み合わせも……。もちろん、アルコールは抜き。土・日はなるべく自炊するようにし、翌朝の朝ご飯の１品にすることもある。長続きするように、無理はせず、外食も上手に利用するようにしている。

TOTAL
1895kcal

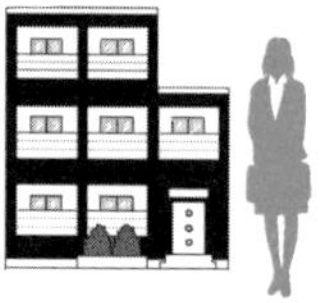

朝　450kcal

・ご飯（150g）……………210kcal
・ポークソテー（50g）……164kcal
・野菜たっぷり味噌汁…… 76kcal

昼 855kcal

・サバの塩焼き定食（サバの塩焼き、ご飯大盛り〈300g、420kcal〉、漬物、冷や奴、味噌汁）……855kcal

夜 590kcal

・ご飯（250g）……350kcal

・鮭の塩焼き……92kcal

・長いもの醤油漬け……72kcak

・野菜たっぷり味噌汁……76kcal

塩分濃度が高くなると
カラダが水分を溜め込んで
むくみの原因になります。塩分
の摂り過ぎには、くれぐれも
注意してくださいね。

自炊＋外食派 (家族あり男性)

妻と子ども１人と３人暮らしで、２年前から週４日はリモートワーク。通勤時間がなくなったため、食事の用意は基本的に自分が担当することに。ただ、カラダを動かす機会がグンと減った上に、好きな料理を好きなだけ食べていた結果、２年間で５kg増。これはマズいと思い、ダイエットを決意する。会社の同僚から細マッチョルーティーンを教えてもらい、妻と一緒にチャレンジ中。ウォーキングも始めた。

TOTAL
2387kcal

朝 524kcal

- ご飯（250g）……………… 350kcal
- ホウレンソウのおひたし（100g）……………… 30kcal
- 具だくさん豚汁 ……………… 144kcal

昼 1075kcal

・豚の生姜焼き定食（豚の生姜焼き、ご飯〈大盛り300g、420kcal〉、冷や奴、味噌汁）
……………………1075kcal

夜 788kcal

・ご飯（350g）
……………………490kcal

・サンマの塩焼き
……………………198kcal

・トマトとオクラの和風マリネ ……28kcal

・長いもの醤油漬け
……………………72kcal

「たまには牛丼が
食べたい」というあなたへ。
ご飯の上に牛肉が乗っている
牛丼はNGですが、牛肉とご
飯が別々の牛皿定食なら
OKですよ。

自炊＋外食派
（家族あり女性）

夫と子ども2人と4人暮らし。職場までは車で約30分。仕事と家庭を両立させることはそれほど難しくなく、食事はほぼ自分でつくっている。30代も半ばになり、少しだけぽっちゃり体型が気になりだした。太り過ぎて生活習慣病になっては困るので、今のうちにダイエットして、体重を落とすことを決意。細マッチョルーティーンなら自分にもできそうだと思い、早速、やってみることにした。

TOTAL
1830kcal

朝 418kcal

- ご飯（175g）…………… 246kcal
- ミニハンバーグ（2個）……………………………… 96kcal
- 野菜たっぷり味噌汁…… 76kcal

昼 779kcal

・ご飯（300g）
…………………420kcal

・ポークカレー
…………………335kcal

・キュウリとワカメの酢の物（小鉢1杯、約27.5g）
…………………24kcal

夜 633kcal

・ご飯（250g）
…………………350kcal

・ブリの照り焼き（切り身半人前分）……157kcal

・たたきキュウリのザーサイ和え ………50kcal

・野菜たっぷり味噌汁
…………………76kcal

旬の野菜は、そのシーズンに人間が必要とする栄養素を豊富に含んだハイパフォーマンスな食品です。野菜の旬を知って、季節に合わせて野菜を選びましょう。

COLUMN 6

「断酒はムリ！」というあなたにちょっと嬉しいお話

お酒が好きな人にとっては、たとえ1ヵ月だけとはいえ、お酒を断つのは辛いでしょう。

「酒を絶つくらいなら他のダイエット方法にする！」と、始める前から細マッチョルーティーンを諦めてしまう人がいるかもしれません。

でも、ダイエット中のアルコールはやっぱりダメ！　これは譲れません。でも、どうしてお酒はダメなのでしょうか。

お酒を飲むと血糖値が急激に上がり、そこから一気に下がります。さらにそこでお酒を飲むと血糖値が上下を繰り返します。肝臓でのアルコール分解も優先になるため、代謝も低下します。その結果、代謝できなかったエネルギーは脂肪として蓄積されやすいです。また、お酒を分解する作業でカラダに必要なビタミンやミネラルが失われ、栄養不足に陥ります。さらに、お酒の利尿作用でカラダの塩分が失われ、〆のラーメンなど味の濃いものが食べたくなり、結果として食欲がコントロールできず、ダイエットが続かなくなるからです。

ただ、どうしても外せない酒席があったり、「もう、飲まなきゃやってられない」と思ったりしたときは、ちょっとだけ自分に甘くなってもよいことにしましょう。ここが細マッチョルーティーンの太っ腹なところです。

もちろん、糖分とカロリーを抑えるのは大前提。飲むなら、糖質が低いといわれるウイスキーや焼酎などの蒸留

COLUMN 6

酒をチョイスしましょう。ワインは糖質がやや高めですが、ポリフェノールによる美肌効果などもあるので、少しならOK。辛口の赤ワインにすれば、カロリーも低めです。

一方、ついつい飲み過ぎてしまいがちなビールや糖質の高い日本酒はNG。酎ハイやサワー類、甘くて飲みやすいカクテルにも多くの砂糖が使われているので、避けるのが賢明です。

また、糖質ゼロを謳った「ゼロ・カロリー飲料」は、糖分の取り過ぎを緩和してくれるような気になり、罪悪感は軽減されるでしょう。しかし、添加物や人工甘味料をたくさん使っている場合もあるので、おすすめはできません。かえって太りやすくなってしまうこともあるので要注意です。

アルコールを飲むときは、必ず同量の水を飲むこと。その意味でいうと、ウイスキーを炭酸水で割ったハイボールや焼酎のお湯割りなどはいいですね。

おつまみも、揚げ物などは避け、ナッツ類や枝豆、だし巻き卵などシンプルなものを選びましょう。もちろん、〆のラーメンは厳禁。どうしても何か食べたいというときは、おにぎりと味噌汁を。次の日の朝食は、お粥などにして胃腸をいたわるようにしましょう。

塩分と脂質の摂りすぎに注意！

塩分を摂り過ぎると、カラダが水分を溜め込んでむくみやすくなり、脂質まで溜め込むことになります。

また、脂質はカラダに必要ではありますが、摂り過ぎると脂肪に変わります。とくに、ソースがたっぷりかかったハンバーグや濃いめの味付けのフライドチキンなどは、塩分も脂質も多い食品の代表選手なので要注意です。日頃から薄味を意識しましょう。

塩分と脂質を摂り過ぎると——

①むくみやすくなる

体内の塩分濃度が高くなると、カラダが塩分濃度を下げようと水分を溜め込んでむくみの原因となる。

②代謝が下がる

体内に余分な塩分や脂質が溜まると代謝が下がる。

③胃の動きが鈍くなる

脂質の消化に時間がかかり、脂質が胃に停滞することで消化機能はますます低下。

④脂肪を溜め込もうとする

脂質を摂り過ぎると、エネルギー消費が間に合わず、脂肪となって体内に留まる。

⑤食欲が増してしまう

消化液の分泌が活発になって、食欲が増してしまうという負のループを呼ぶ。

旬の食材カレンダー

旬の野菜は、カラダだけでなく心のバランスも整えてくれるありがたい食品です。

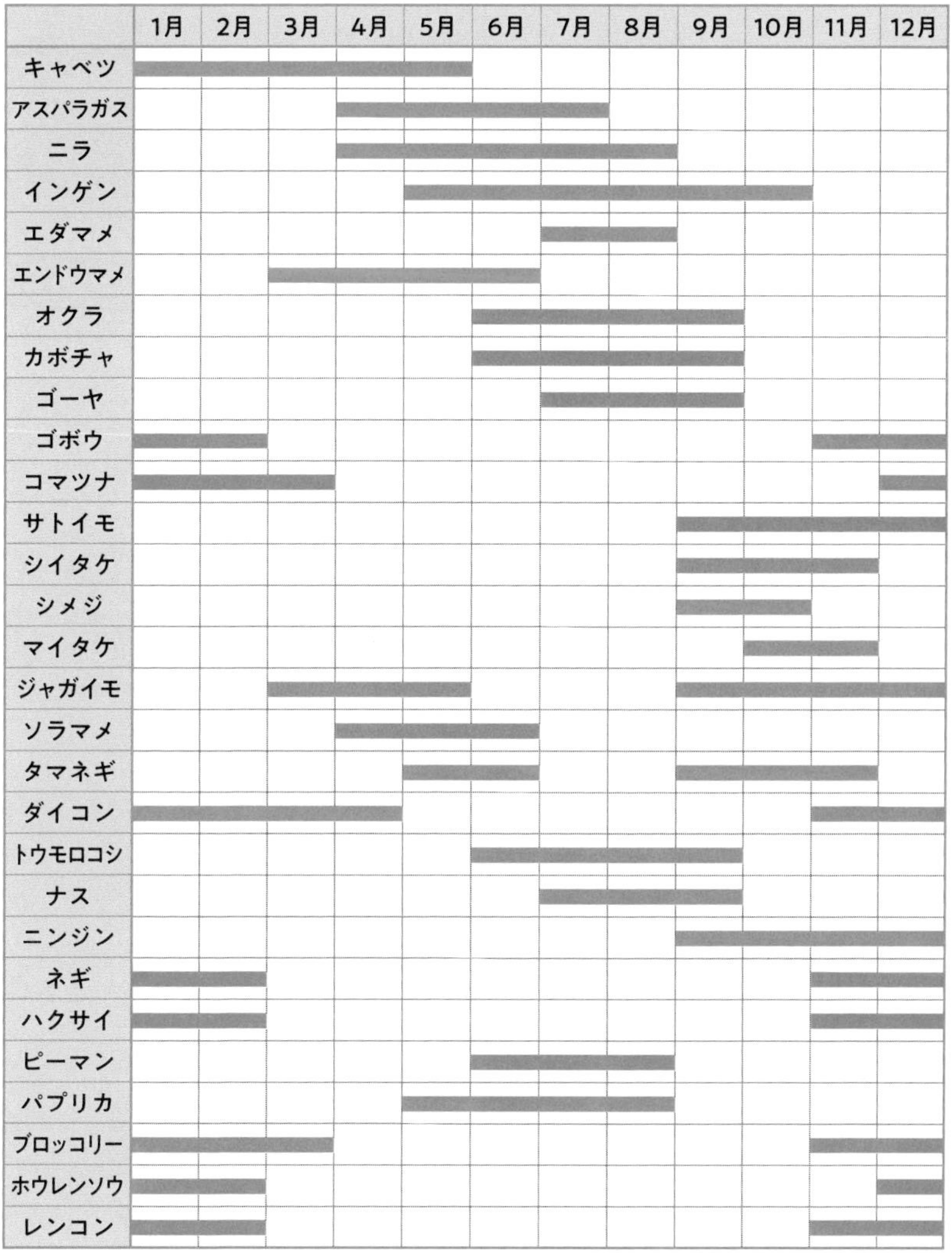
1月
2月
3月
4月
5月
6月
7月
8月
9月
10月
11月
12月
キャベツ
アスパラガス
ニラ
インゲン
エダマメ
エンドウマメ
オクラ
カボチャ
ゴーヤ
ゴボウ
コマツナ
サトイモ
シイタケ
シメジ
マイタケ
ジャガイモ
ソラマメ
タマネギ
ダイコン
トウモロコシ
ナス
ニンジン
ネギ
ハクサイ
ピーマン
パプリカ
ブロッコリー
ホウレンソウ
レンコン

COLUMN 8

水は1日2リットル以上飲もう

水はダイエッターの強い味方

水には体内に溜まった塩分や老廃物、毒素を洗い流してくれる力があり、水を飲む習慣を身につけると、汗をかきやすくなったり、お通じがよくなったりします。つまり水は、痩せるために欠かせない大事な役割を果たしてくれる、ダイエッターの強い味方でもあるのです。

「午前中に1リットル」を目安に

朝起きてコップ1杯の水を飲むところからスタートしましょう。老廃物を排出してカラダをきれいに整える意味でも、お昼までにコップ約4杯、1リットル程度の水を積極的に摂るようにしてください。飲むタイミングをルーティーン化すると、飲むことが当たり前になり、飲み忘れもなくなります。

ただし、食事中は水を飲み過ぎると胃液が薄まって消化能力が低下するので要注意。睡眠の妨げになる場合もあるので、寝る前に水を飲むのは避けましょう。

コーヒーやジュースなど水以外のものを飲んでも構いませんが、これらは2リットルの水の摂取量には含みません。

COLUMN 8

水を飲むとこんなに良いことが！

①塩分や老廃物を洗い流す

外食や会食は、どうしても塩分過多になりがち。水をたっぷり飲んで、体内の塩分バランスを整えましょう。

②冷え性を改善してくれる

冷え性の原因のひとつは血液循環が悪くなること。水で血流を促しましょう。

③お通じがよくなる

硬くなってしまった便が水分を含むことで、スルリと腸内を移動してくれます。

④汗をかきやすくなる（余分な水分を排出してくれる）

カラダからいい汗が出るようになります。よく水を飲む人の汗は、臭いがなくてサラサラ。

⑤食欲を抑えてくれる

食前にコップ１杯の水を飲むことで、食欲が抑えられます。

⑥肌がきれいになる

体内の水分不足は乾燥肌の原因になることも。白米と水でもち肌を目指しましょう。

POINT

①食事中はたくさん飲まない
②お風呂の前後に飲む
③食後、少し経ってから飲む
④水は常温がベター
⑤お茶やコーヒー、ジュースは計算に入れない

コンビニ＆お弁当屋さんのおすすめ弁当

揚げ物や丼物が多くて、なかなか細マッチョルーティーンには向かないコンビニ＆お弁当屋さんの弁当。でも、細マッチョルーティーン実践中のあなたでもOKなお弁当を見つけました。「時間がない」「近くにレストランも定食屋さんもない」というときは、コンビニやお弁当屋さんを利用してみては？

弁当名	おすすめ理由	目安のカロリー
明太海苔弁当	おかずがシンプルで揚げ物がほとんどない	685kcal
ハンバーグ＆コロッケ弁当	おすすめ度としては△だが、たまには	777kcal
親子丼	丼ものは基本NGだが、ゆっくり食べることを前提にOK	477kcal
チキンステーキ弁当	食材も調理方法もシンプルなのが◎	684kcal
豚ロース生姜焼き弁当	食材も調理方法もシンプルなのが◎	628kcal
お好み幕の内弁当	幕の内弁当は細マッチョルーティーン向きの食事	572kcal
牛カルビ弁当	カロリーは高めだが、食材も調理方法もシンプルなのが◎	792kcal
鮭幕の内弁当	焼き鮭や煮物など和のおかずが多い	697kcal
のり弁当	白身魚のフライがメインだが、ほかのおかずが和風なので	685kcal
ブリの照り焼き弁当	おかずもだし巻き卵やきんぴらごぼうなど和風なのが◎	655kcal

\第4章/

ストレスをあまり感じないで細マッチョルーティーンを成功させるコツ

完璧を目指さない

3日単位、1週間単位で考える

日常生活のなかでは、「友人と久しぶりに会って飲みに行ってしまった」「会食に誘われてちょっと食べ過ぎた」など、〝想定外の出来事〟は当たり前。それをいちいち気にしていたら、細マッチョルーティーンは続きません。ダイエット成功の秘訣は、「きっちり」ではなく「ゆる〜く」考えること。お酒を飲んでしまったり、ドカ食いをしてしまったら、翌日の朝ご飯は、ご飯と味噌汁で軽めに。「3日単位、1週間単位で食べる物を調整していけばいいや」というくらいの緩やかさで続けていくことが大切。「きっちり」「かっちり」はストレスの元です。

「完璧」がリバウンドを招く!?

「今日から頑張るぞ」とばかり、きっちり計画を立てて細マッチョルーティーンに邁進。でも、完璧を目指すあまり、「完璧にこなすこと」が目的になってしまい、カラダの自然な声に耳を傾けることを忘れてしまって、失敗してしまうケースは少なくありません。カラダがついていけず悲鳴をあげているのにむりやり続け、そのあげくストレスまみれになって断念。その先に待っているのはリバウンドです。

痩せなくても気にしない

「体重が落ちなくてカリカリしていませんか?」。そんなときは「太り期」かもしれません。最初は太ってしまう場合もあります。

「『○○をしなければいけない』とピリピリしていませんか?」。そんなときこそ、頭で考えず、「胃腸の食欲」に耳を傾けてみませんか?

「細マッチョルーティーン」で成功した人たちは、みんな自分の体調や食欲に合わせてカスタマイズしています。実際、木村式白米ダイエットでは、個別指導でさまざまな相談に応じて指導しています。

完璧を目指して自分をがんじがらめに縛りつけるのではなく、神経質にならず、緩やかにコツコツと続けていくのが細マッチョルーティーン成功の秘訣です。

満腹感を得られる「三角食べ」

ご飯は消化がよい食品なので、肉や魚介、野菜といったおかずと一緒に食べると胃腸の吸収が柔らかになります。そのため、味噌汁→ご飯→おかずを一口ずつ「三角食べ」にするのがおすすめです。

まず、始めに温かい味噌汁などをひと口飲みましょう。温かい汁ものは、胃腸に優しい刺激を与える効果があるからです。

さらに、最後も汁もので締めくくると、カラダが温まり、満腹感がさらに増します。

また、ひと口食べたら「箸を置く」のも早食いや食べ過ぎを防ぐひとつの方法です。箸を置いたら20回噛む。こんな簡単な作法を身に付けるだけで、食生活は変わってきます。

〝スイーツ&アルコール解禁日〟を作る

「ダイエット中だからといって、『スイーツもアルコールもダメ』というのは辛い」という人は少なくないはず。確かに、「あれもダメ」「これもダメ」と言われたら、ストレスが溜まって「もう、嫌！　ダイエットなんてやめてやる」となってしまうこともありますよね。それでは、意を決して「細マッチョルーティーン」を始めた意味がありません。

そこでおすすめなのが、〝スイーツ＆アルコール解禁日〟を作ること。この日だけは、ケーキや和菓子を食べたり、お酒を飲んだりしてもいいことにして、1週間頑張った自分を褒めてあげましょう。

ただし、食べるのは脂肪を燃焼しやすい午前中がベター。午後のおやつでも構いませんが、夜遅い時間はNGです。また、アルコールを飲む場合は同量の水を飲むことを忘れずに。もちろん、この日は体重が減らなくてもよいことにします。

肉や魚介の種類は体調によって選ぶ

ひと口に肉といっても、種類はいろいろ。豚肉もあれば鶏肉、牛肉、羊肉、さらにはジビエまであって、その栄養価もさまざまですし、カラダに与える影響も異なります。

　例えば牛肉は、必須アミノ酸のひとつであるトリプトファンがメンタルの安定につながり、カルニチンが脂肪燃焼を助けます。豚肉は、疲労回復を促してくれるビタミンB1が豊富。鶏肉は、エネルギー代謝の補酵素として重要なビタミンB6を含んでいるのが特徴で、タンパク質の分解を助けます。

　さらに、胃腸が疲れ気味なら魚介がおすすめ。アミノ酸の一種として知られるタウリンが血液中の悪玉コレステロールを排除する上、EPAの効果もあって血液がサラサラになります。

　肉を食べたら翌日は魚介にしたり、豚肉を食べたら翌日は鶏肉を選ぶなど、メニューはバランスよく決めるようにしましょう。

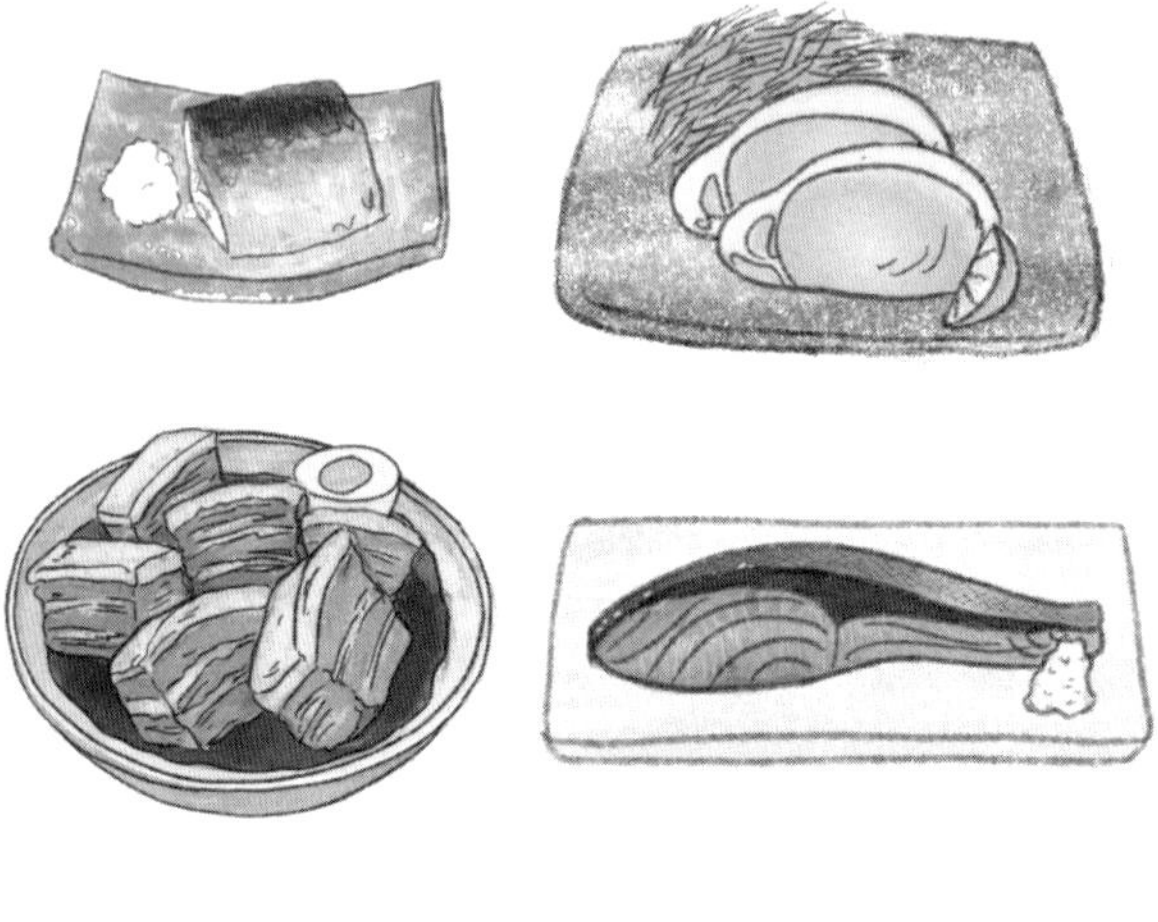

COLUMN 10

卵は〝優等生〟

ミネラルやビタミン類が豊富な卵は、アミノ酸スコア100で「完全栄養食」といわれています。とくに卵に含まれているビタミンB1はお米と一緒に摂ることで、エネルギーの燃焼率がさらに上がるため、味だけでなく食べ合わせとしても好相性。細マッチョルーティーンでは、一度の食事で牛肉と豚肉、豚肉と鶏肉の2種類のタンパク質(肉や魚介)を組み合わせるのはNGですが、卵は肉や魚介と一緒に摂ってもOKです。

1日2個までが適量ですが、卵を上手に使うことで食卓がバラエティ豊かになります。

プラスαの卵料理

だし巻き卵や半熟卵などを小鉢料理のひとつに加えたり、卵かけご飯(よく噛んで食べるのが条件)にするなど、シンプルな献立がおすすめ。味噌汁に生卵を入れてもいいですね。

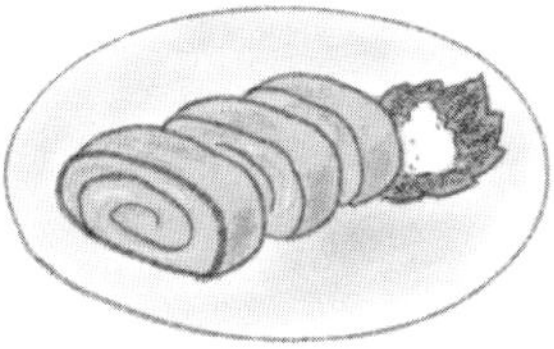

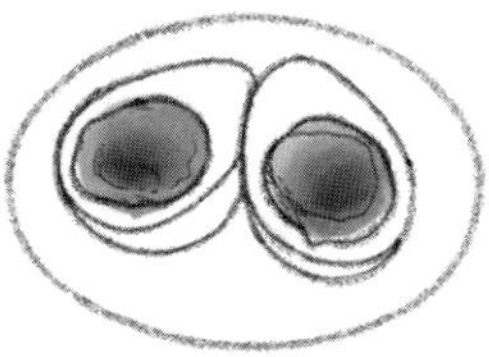

睡眠は「痩せ」の特効薬

「毎日頑張って細マッチョルーティーンを実践しているのに、なぜか痩せない！」と悩んでいるあなた。もしかして、ぐっすり眠っていないのではありませんか？　じつは、頑張っているのに痩せないという人のほとんどは、睡眠不足に陥っています。

代謝に休養が必要なことは、すでにお話ししました（P33）が、カラダを休ませるという意味でもっとも重要なのが睡眠です。睡眠がしっかりとれないと、カラダの回復がうまくいかず、血流が滞って内臓のパフォーマンスは低下。体重もなかなか減らなくなります。

個人差はありますが、睡眠時間は7〜8時間はとるようにしましょう。ホルモンバランスからいっても、夜12時以前に就寝するのがよいとされています。

胃に何か残っていると、カラダの回復よりも消化にエネルギーが使われてしまいます。寝る直前の水分摂取は、夜中に起きる原因にもなりますので、避けたほうがよいでしょう。

入浴やストレッチなど、安眠のルーティーンをつくることも大切です。

＼第5章／

勝手に痩せていく身体を手に入れるライスアップの秘訣！

歴史が証明!?「ご飯は太らない」

主成分が炭水化物（糖質と食物繊維）のためか、昔から「食べると太る」と考えられてきた白米。でも、「それは誤解だった」ということが、近年、分かってきました。

ひと口に糖質といっても、種類はいろいろ。砂糖などの二糖や果糖をはじめとした単糖は、血糖値を急上昇させてインスリンを過剰に分泌させるため、カラダに脂肪を溜め込みやすくなります。一方、お米に含まれる多糖は、ゆっくり消化吸収され、血糖値の上昇も緩やか。そのためカラダへの負担も軽く、腹持ちもよく、脂肪にもなりにくいという特徴があります。

つまり、ご飯は普通に食べていれば太ることはないということ。その証拠に、先人たちは現代人よりもご飯をたくさん食べていたにもかかわらず、肥満体型の人はあまり見当たりません。

糖質制限の〝落とし穴〟と白米のススメ

「糖質制限ダイエット」が、いっとき注目を集めました。そのため、「ご飯はダイエットの大敵」と考えられていた時期もありました。でも、それが大きな誤解だということは、皆さんもよく分かっていただけたと思います。

確かに、糖質制限をすれば体重は落ちます。しかし、「糖質制限ダイエット」で問題なのは、脂肪ではなく筋肉が落ちてしまうことです。そして、筋肉が落ちてしまったために、リバウンドしやすくなったり、怪我をしやすくなったり……。シワができやすくなったり、肌がくすんでしまうといったデメリットが生じてしまうのです。さらに、集中力が下がって日常生活に悪影響を及ぼしたり、人によっては忘れっぽくなってしまったり……。じつは、老化が促進されるという話も出てきています。

ダイエットは「一部の栄養素を摂らない」ではなく、「バランスよく摂る」のが重要。その意味でも、栄養豊富な白米は、ダイエットの〝強い味方〟といえるのです。

お米を食べるとなぜ痩せる?

白米は食物繊維やミネラル、ビタミンなどの栄養素が豊富で、食べても血糖値の上昇が緩やかなため、脂肪に変わりにくいというメリットがあります。

さらに代謝が上がり、〝痩せるスイッチ〟が入ります。脂肪は単体では燃えませんが、お米という〝ガソリン〟が入ると、一緒に脂肪も燃焼してくれるのです。

また、腹持ちがよいので余分な物を口にすることもなくなります。お酒や甘いものがやめられない本当の理由は糖質不足だからです。脳のエネルギーは糖質がメインとなり、エネルギーが足りなくなると脳がサインを出してスイーツやお酒を欲します。

血糖値が上がりやすいこれらの食材を摂ると食欲が抑えられず太りやすい体質になってしまいます。余計なものを食べなくなるので痩せやすい体質に変わっていきます。

さらにお通じがよくなるため、腸内環境が改善され食べても太りにくくなります。白米をしっかり食べる生活をしていると、栄養素がしっかり摂れるというメリットもあります。

食物繊維はダイエットの味方

お米に含まれる食物繊維には、「腹持ちがよくなる」「お通じがよくなる」「血糖値が下がる」「腸を整える働きがある」などの機能があります。なかでも「お通じがよくなる」機能は、ダイエットの大きな味方。実際、この細マッチョルーティーンで食物繊維豊富なお米をしっかり食べ、発酵食品の味噌汁を常食すると、自然とお通じがよくなる人が多いようです。

ただ、食べる量が増えたために、一時的に便秘症状に陥る人もいます。よかれと思って食べたイモやレンコンなどの硬めの食物繊維が腸が詰まる原因になって、便秘を呼び起こす場合もあるし、ヨーグルトなどの乳酸菌が腸内環境を乱してしまうこともあります。

お通じをよくするためには、梅干しやオリーブオイル、ニガリ、粉寒天などを上手に活用するとよいと言われています。

体重を落とすためにも、正しいお通じ対策をしておきましょう。

みんなお米を食べて目標達成！

「木村式白米ダイエット」（p131以降）の受講生のなかにも、細マッチョルーティーンに真剣に取り組み、成果を上げている人たちがたくさんいます。皆さんの声をご紹介しますね。

30代女性

しっかり食べて、4kg体重を落とせました。タンパク質重視だったときよりカラダの引き締まり方が違ってきたように感じます。これからも、食べても太らないカラダ作りを続けていきます。

40代女性

オンラインレッスン後も、教えていただいた食事法を続けており、あと少しで10kg減というところまできました。辛い我慢もないので、まだまだ続けていきます！

60代女性

2ヵ月前とは外見も内面も大きく変わりました。体重、サイズダウンはもちろんですが、何より筋力、体力がアップし、周りからも「引き締まった」「姿勢がよくなった」と褒められて嬉しいです。早寝早起きで睡眠の質も上がり、体調もよく、気持ちもすごくポジティブ思考になりました。

50代男性

ダイエットの習慣が身について満足しています。実際、10kg近く落ちました。

50代男性

まず、お米を食べているからか、ダイエットによくある食事の辛さがまったくなかったです。体調的には、非常にカラダが軽く、頭がスッキリしていく感覚を感じました。今回の取り組みで最大の恩恵は、仕事の効率やクリエイティビティが向上したことです。運動、栄養、休養が普段の生活の質も上げることに感動しました。とても新鮮な体験をありがとうございました。

40代女性

先週末、血液検査を受けました。
本日、結果回収。
LDL コレステロール　165→103
中性脂肪　144→61
尿酸値　7.4→6.3
となり、すべての項目で異常なしとなりました。主治医も、「あり得ない！ 何をやったらこうなるの!?」と驚いていました。

ダイエット成功の秘訣は逆算思考

何をやるにしても、「私は無理」「私はできない」と言う人がいます。そして、そういう人ほど、何をやっても本当に実現することができないものです。「無理、できない」と入力された脳は、その間違った決めつけを繰り返し刷り込まれ、「無理、できない」となるような行動をとるからです。

では、この呪縛から逃れるためには、どうすればいいのでしょうか。

まずは、「私には無理」「できない」と考えたり、口に出すのを止めることです。そして、何かひとつでもいいので、できた自分を褒めてあげましょう。

また、目標ができたら、いつもゴールから考える「逆算思考」を大切にすることです。例えば、ダイエット。細マッチョルーティーンでは、自分で設定した目標体重を実現するために、今、どんな食事をするべきかを意識するようにしています。例えば、明日の朝、体重49kgになっていたいのなら、今晩の食事をどうするか、翌朝の体重を予測して食事の分量を調整するわけです。こうやって具体的に考えていくと、今、自分が何をやらなければいけないのかが明確になってきます。

最初のうちは、短いスパンで逆算してみるのがいいでしょう。常に身近なゴール（目標体重）を設定し、予測し、逆算して、今、食べるご飯の中身を考えるクセをつけるのです。

「逆算思考」で、「できる自分！」を育てましょう。

＼第6章／

もっと知りたい！細マッチョルーティーン

覚えておきたい栄養素のこと

生活習慣病に悩まされることなく健康な毎日を送るためには、バランスのよい食生活が大切で、それはダイエット中でも変わりません。なかでも五大栄養素と呼ばれるタンパク質、脂質、炭水化物、ビタミン、ミネラルの5つの栄養素は、生きていくためにはとても重要な栄養素。例えば、炭水化物や脂質はカラダを動かすエネルギーの元になる栄養素ですし、タンパク質やミネラルはカラダをつくる栄養素。ビタミンやミネラルはカラダの調子を整える栄養素だからです。

白米は、そんな五大栄養素をまんべんなく含んだ食材。ですから白米をしっかり食べれば、自ずと五大栄養素をきちんと体内に取り入れることができ、健康的なボディになれるというわけです。

含まれている栄養素のバランスがよいというのも、白米の魅力です。

食べたほうがよいものって？

細マッチョルーティーンでおすすめのメニューは、味付けがシンプルで、塩分があまり高くなく、ご飯に合うもの。

お米や旬の野菜、添加物が入っていないシンプルなおかず、味噌汁は、食べたほうがよいものです。外食では、和定食を選ぶのがおすすめ。ただし、牛丼やカツ丼、親子丼などの丼ものは、ついつい早食いになってしまうのでNG。お寿司も和食には違いありませんが、シャリに砂糖や塩が使われていることが多い上に、早食いしやすいので、おすすめできません。

また、お店はそこで調理して配膳してくれるお店を選ぶようにしましょう。

さらに、外食ではどうしてもおかずが多くなりがちなので、「ご飯とおかずは6対4」というゴールデンバランスを考えて、注文するときに「おかずの量を少し減らしてください」とお願いしてみるのもいいでしょう。

具体的には、ブリの照り焼き、回鍋肉（ホイコーロー）、すき焼き弁当、サンマの塩焼き、牛肉のしぐれ煮、角煮、豚キムチ炒めなどがおすすめです。

食べてほしくないものって？

細マッチョルーティーンのふたつの敵は、塩分と脂質の摂り過ぎ。塩分を摂り過ぎると、カラダが水分を溜め込んでむくみやすくなって脂肪も溜めやすくなりますし、脂質は摂り過ぎると脂肪に変わります。また、塩分と脂質を摂り過ぎると代謝が下がってしまったり、脂質の消化に時間がかかって胃の動きが鈍くなったり、消化液の分泌が活発になって食欲が増してしまうデメリットも……。そのため、細マッチョルーティーンを続けている間は、揚げ物や加工品、塩分が高い料理は避けてください。

具体的には、コンビニの唐揚げ弁当や唐揚げ定食、和風おろしハンバーグ定食、エビチリソース、味噌カツ煮定食などは避けましょう。パンやラーメン、パスタなども避けてほしい食品ですし、生野菜の食べ過ぎもNG。さらに、ソースがたっぷりかかったハンバーグや、濃いめの味がついたフライドチキンなどは、塩分も脂質も多い食品の代表選手だということも覚えておいてください。

禁断の料理もこうすれば傷は浅い！

ラーメン

最初に水を飲み、スープを３口飲みます。その後、麺と具をゆっくり食べましょう。食事の途中でスープは飲まないように。麺と具を食べ終わったら、最後に２口、３口スープを飲んだら終わりにします。スープは残すのが鉄則です。

カレーや丼

カレーや丼など、ご飯の上に何かが乗っている料理は、かき込んでしまうことが多いもの。そのため、ご飯とは別々にして、カレーや丼の具は、おかずとして食べましょう。ご飯もおかずもしっかり噛んでください。

小麦製品（パン、パスタ、うどんなど）

小麦を原料とするパンやパスタ、うどんなどは、ご飯に比べ、食べ過ぎてしまう可能性が高い食べ物。食物アレルギーの第3位に位置するアレルゲンでもあり、あまりおすすめしません。

玄米

胃腸が弱い方や病気明けなど、身体が弱っているときには注意が必要。消化に負担がかかり、逆に便秘になったり、必要な栄養素を吸着して排出してしまうこともありますのでおすすめしません。効果的な食べ方もあるのでご相談ください。

旅行に行って美味しいものをたくさん食べた

せっかくの旅行ですから、ハメをはずすのは仕方がないこと。こういう場合は、3日間ほどかけて、リカバリーしていきましょう。ご飯と具だくさん味噌汁、軽いおかずなどで調整しながら、旅行前の状態に戻すようにしてください。

タンパク質の摂り方は？プロテインは摂ってはいけない⁉

タンパク質は、食品によって栄養成分が異なり、カラダに与える影響も変わります。いつも同じ肉や魚介を食べるより、異なる食材を選んで食べるほうが多様な栄養素を摂ることができておすすめです。

例えば、疲れているときは、エネルギー代謝の補酵素として重要なビタミンＢ６を含み、タンパク質の分解を助ける鶏肉がおすすめ。パワーをつけたいときは疲労を回復してくれるビタミンＢ１が豊富な豚肉、活力をつけたいときはメンタルの安定に繋がるトリプトファンや脂肪燃焼を助けるカルニチンを豊富に含む牛肉を選ぶといいでしょう。胃腸が疲れ気味のときや胃腸を休めたいときは、魚介がおすすめです。その日の体調に合わせて肉や魚介をセレクト。カラダのパフォーマンスを上げていきましょう。

細マッチョルーティーンでは、１度の食事で牛肉と豚肉、鶏肉と魚介など、種類をまたいでタンパク質を組み合わせるのはＮＧですが、肉や魚介それぞれと卵を一緒に摂るのはＯＫです。しかも、卵はご飯との相性もバツグン。なかでも卵に含まれるビタミンＢ１は、お米と一緒に摂ることで、さらにエネルギー燃焼率が上がり、味だけでなく食べ合わせとしても好相性なので、活用しましょう。ただし、卵は食べ過ぎると腸内環境が乱れやすくなります。１日１、２個が適量です。

また、筋トレなどの激しい運動をやっている人にはお馴染みのプロテインですが、これは食事の代わりにはなりません。日々の食事だけでは不足するタンパク質を補給するための補食であることを覚えておいてください。

COLUMN 14

半断食で胃腸をリセット

細マッチョルーティーンを続けていると、「最近、なんとなく効果が感じられないなぁ」と思う時期がやってきます。それは、胃腸が疲れていて、代謝がうまく上がっていかないからかもしれません。もしかしたら、「お腹が空かないのに食べてしまった」「量をたくさん食べてしまった」などで、胃腸に負担をかけてしまっているのではありませんか？

心当たりがあれば、この際、きっちり胃腸を休ませてあげましょう。方法は簡単。僕が推奨しているのは、朝食と昼食を抜くだけの半断食です。「断食」という言葉に反応して身構えてしまったあなた、安心してください。やってみれば、それほど辛くないことがよく分かります。

半断食によって、胃腸は約24時間休むことができるので、断食が終わったあとは活発に活動を再開。「一気に体重が落ちた！」とびっくりするかもしれません。

半断食は、夕食時にスタートして、翌日の夕方まで行います。「金曜の夜から土曜の夜まで」というように、休日を利用するとよいでしょう。

1日目	夕食	ご飯と味噌汁おかずなし
2日目	朝食	食事なし
	昼食	
	夕食	ご飯と味噌汁おかずなし
3日目	いつもの食事に戻す	

体調別細マッチョルーティーン活用術

パワーをつけたいとき

大事なプレゼン当日だったり、絶対にパスしたい試験があったり……。そんな日は、いつにも増してパワーがほしいもの。おすすめの食材は、白米や豚肉、牛肉、ウナギなどです。

豚肉に豊富に含まれるビタミンＢ１は疲れたカラダを元気にしてくれるビタミンで、ビタミンＢ１によってエネルギーがスムーズにつくられることで、疲労回復や精神を安定させる働きが期待できます。

牛肉は、「ここぞ」というときにやる気を高めてくれる食材。牛肉に豊富に含まれるトリプトファンは、通称「幸せホルモン」とも呼ばれるセロトニンをつくる材料で、このセロトニンが脳神経や自律神経に働きかけて、リラックスさせてくれたり、落ち込んだ気持ちを切り替えて明るく前向きな気持ちにしてくれます。

また、ウナギも倦怠感や疲労を回復させるといわれるビタミンＢ群が豊富です。

さらに白米には、ビタミンＢ１やＢ２が含まれているほか、カラダを動かすためのパワーの源となる炭水化物が非常に豊富。白米と一緒に豚肉や牛肉、ウナギなどを食べて、大切な場面を乗り切りましょう。

元気がないとき（疲れているとき）

会社で落ち込む出来事があったり、理由は分からないけれどなんとなくカラダがだるかったり……。元気がでないときは、カラダに優しい食材を選びましょう。例えば、胃腸への負担が少なく、脂肪分が控えめで、食物繊維が少なくて柔らかい、消化のよい食事がおすすめ。おにぎりと味噌汁など、シンプルな組み合わせにするほうがカラダへの負担は少なくなります。

肉類では、皮を取った鶏のササミなど、脂肪分が少ないものが◯。魚介なら白身魚を煮たり、蒸したりしたもの。野菜なら、食物繊維が少ないジャガイモ、カボチャ、ニンジン、タマネギ、ダイコン、ホウレンソウなどがよいでしょう。湯豆腐などもいいですね。

白いご飯は栄養豊富な上に消化もよいので、元気がないときにもぴったり。

「ちょっと疲れちゃった」という日は、ご飯とカラダに優しい副菜を組み合わせてみてはいかがですか。

頭をすっきりさせたいとき

お米が足りていないと脳のブドウ糖が不足してエネルギーがつくり出せず、思考力や集中力が低下してしまいます。分かりやすく言えば、ボーッとしている状態ですね。

これを解消するためには、まずはご飯をしっかり食べることです。ご飯はゆっくりと消化・吸収され、緩やかに血糖値を上げて長時間維持します。つまりご飯は、脳にとって非常に安定したブドウ糖の供給源なんです。ご存じの通り、脳の活動エネルギーは、おもにブドウ糖の働きによるものですが、ブドウ糖は体内にたくさん貯蔵しておくことはできません。だからこそ、ご飯を食べてブドウ糖を補給してあげる必要があるのです。とくに活動中の朝や昼は、頭をシャキッとさせておくために、しっかりご飯を食べるようにしましょう。

また、DHA（ドコサヘキサエン酸）やEPA（エイコサペンタエン酸）などの脂肪酸を豊富に含む、サバやサンマ、イワシなどの青魚、血行をよくしたり細胞の損傷などを防いだりする働きを有するビタミンEが豊富なナッツ類、記憶力の維持に働くといわれるビタミンKを多く含むホウレンソウやブロッコリー、カボチャなどをしっかり摂ることも大切です。他にも、美容にも健康にもよいアントシアニンが豊富なブルーベリーやブラックベリー、レシチンを多く含む大豆などもおすすめです。レシチンは、体内でアセチルコリンに変換され、脳の記憶力を高めるといわれています。

気分が落ち込んでいるとき

どんなにポジティブで明るい人でも、ときには気分が落ち込んで憂うつになることはありますよね。そんなときは、「幸せホルモン」と呼ばれるセロトニンの合成に役立つ食材を食べてみるのもおすすめです。というのも、人間はストレスや疲労が溜まるとセロトニンの分泌量が減ったり、働きが鈍くなったりするからです。

では、セロトニンを増やすためにはどうすればよいのでしょうか?

セロトニンは脳内でつくられますが、その材料としてトリプトファンという必須アミノ酸は欠かせません。しかし、トリプトファンは体内で生成することができないので、食事から摂らなければなりません。

一般に、トリプトファンが多く含まれている食材は、おもにチーズや牛乳、ヨーグルトといった乳製品、豆腐や納豆、味噌、醤油などの大豆製品、米などの穀類。そう、ここでも白米が登場しますね。

細マッチョルーティーンは、落ち込んだ気分を改善させるのにもぴったりな食事方法なんです。「なんとなく元気が出ない」というときには、いつにも増して、ご飯と具だくさん味噌汁をしっかり食べましょう。

COLUMN 15

おにぎりの具の選び方

細マッチョルーティーンにとっておにぎりは、主食にも間食にもなる使い勝手のよい食品。とくに夕食が遅い人は、ランチから間隔がかなり空いてしまい、夕食を食べるころにはお腹がペコペコ。そんな状態で夕食のテーブルにつけば、ついつい早食いになってしまうし、食べ過ぎてしまいます。そんなときには積極的に間食を摂って、食欲をコントロールするのがおすすめです。

そこで活用したいのがおにぎりです。持ち歩きにも向いているし、大きさも間食にぴったり。具材さえきちんと選べば、細マッチョルーティーンまっただ中のあなたの強い味方になってくれます。

では、どんな具材がよいのでしょうか。まずは、シンプルなものを選びましょう。おすすめは、梅干しやおかか、昆布、鮭、たらこ、明太子など。昔からおにぎりの具材として親しまれてきた、添加物が少ないものをチョイスしてください。ちなみに、ツナマヨネーズやチャーハン、焼き肉、唐揚げ、オムライスなどはNGではありませんが、できるだけ避けたい具材です。

お腹が空いたら、おにぎりをひとつ。1個で足りなければ、2個食べてもおにぎりなら大丈夫です。

もちろん、ご飯の代わりにおにぎりを主食として食べてもOKです。

\第7章/

1日3分でできる！簡単ボクシングエクササイズ

自分の習慣化しやすいタイミングで

細マッチョルーティーンは、食習慣の改善を第1のテーマにしていますが、簡単なボクシングエクササイズをプラスすれば、全身が引き締まってきます。自分の習慣化しやすいタイミングで、毎日3分で構わないので続けていくようにしましょう。朝起きてシャワーを浴びる前や家に帰ってきてお風呂に入る前など、毎日の行動に紐づけて行うのが続けやすいですね。

内容としては、次ページから続くエクササイズのうち、3種目を2セットずつぐらい行うのがちょうどよいと思います。エクササイズは週に1回よりは、少しでもよいので毎日やるほうが習慣になりやすく、効果も出やすいです。簡単な動作で短時間の全身運動です。好きな音楽を聴きながらリズミカルに。準備体操を忘れずに、毎日継続して行っていきましょう。

1

ダッキング

効果
ヒップアップ＆足腰を
鍛えるのに効果的

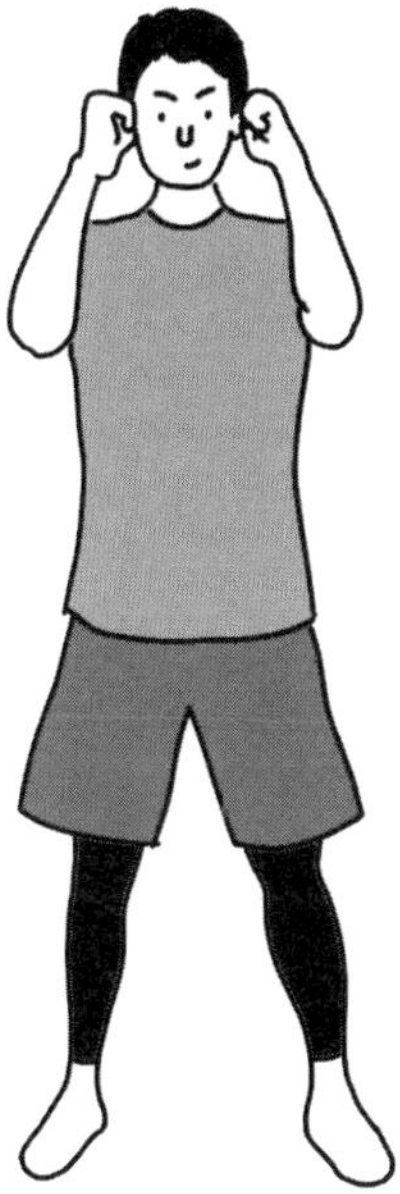

1

2

①足を肩幅に開き、

②お尻を落とす

③30秒のセットを２回行う

POINT

ダッキングとは、ボクシングで上体をかがめるなどして相手のパンチをかわす戦法のこと。スクワットのようにお尻を落としていき、その反動で上に上がる意識を持って、リズミカルに行いましょう。

1 はこの二次元コードの２ページ目をご覧ください

ステップ

効果

足痩せ＆脂肪燃焼に効果

1　2

①足を前後に開き、

②その足を前後に入れ替える

③30秒のセットを２回行う

2はこの二次元コードの３ページ目をご覧ください

POINT

背筋をまっすぐ伸ばした状態で、ジャンプせずにすり足で足を入れ替えます。こちらもリズミカルに行いましょう。

3

ウィービング

効果
足腰強化＆股関節周りの
柔軟性もアップ

1

2

3

①足を肩幅に開き、

②パンチを避けるようにカラダを沈め、左右に揺らす

③30秒のセットを２回行う

3はこの二次元コードの４ページ目をご覧ください

POINT

ウィービングとは、ボクシングで相手のパンチを受けないようにカラダを左右に振ること。上半身のフォームは変えずに、正面からのパンチを避けるイメージで、リズミカルに楽しく行いましょう。

4

右ストレート

効果　お腹痩せ（上部）＆腕痩せに効果

1

2

3

4はこの二次元コードの２ページ目をご覧ください

①足を肩幅に開き、

②左ジャブ→右ストレート

③30秒のセットを２回行う

POINT

打つときは「シュッ!!」と息を吐きながら行いましょう。右腕を意識するだけで効果倍増。リズミカルに行いましょう。

5 左ストレート

効果
お腹痩せ（上部）
＆腕痩せに効果

1

2

3

5 はこの二次元コードの３ページ目をご覧ください

①足を肩幅に開き、

②右ジャブ→左ストレート

③30秒のセットを２回行う

POINT

打つときは「シュッ!!」と息を吐きながら行いましょう。左腕を意識するだけで効果倍増。リズミカルに行いましょう。

アッパーラッシュ

効果　お腹痩せ（下部）＆腕痩せに効果

1

2

①足を肩幅に開き、

②腕を連続で突き上げる!!

③30秒のセットを２回行う

6はこの二次元コードの４ページ目をご覧ください

POINT

打つときは「シュッ!!」と息を吐きながら行いましょう。二の腕を意識するだけで効果倍増。スピードを意識して行いましょう。

7

ストレート

効果
上半身痩せ＆
肩こり改善

1

2

①足を肩幅に開き、

②左右交互にパンチ

③30秒のセットを２回行う

7はこの二次元コードの２ページ目をご覧ください

POINT

打つときは「シュッ!!」と息を吐きながら行いましょう。お腹を意識するだけで効果倍増。リズミカルに行いましょう。

アッパー

効果　二の腕の引き締め

1

2

①足を肩幅に開き、

②左右交互に突き上げる

③30秒のセットを２回行う

8 はこの二次元コードの３ページ目をご覧ください

POINT

打つときは「シュッ!!」と息を吐きながら行いましょう。お腹を意識するだけで効果倍増。リズミカルに行いましょう。

9

フック

効果

お腹痩せ(ウエストのくびれ)

1

2

①足を肩幅に開き、

②腰を回転させて左右交互に振り抜く

③30秒のセットを２回行う

9はこの二次元コードの4ページ目をご覧ください

POINT

打つときは「シュッ!!」と息を吐きながら行いましょう。お腹を意識するだけで効果倍増。リズミカルに行いましょう。

＼第8章／

その不安や疑問 世界チャンピオンがお答えします！

質問は、木村式白米ダイエットの受講生の皆さんなどから寄せられたものをベースに、より多くの方々に当てはまるようにアレンジしています。

Q1 仕事柄、平日の夜はほとんど会食です。こんな生活でも「細マッチョルーティーン」は続けられますか？

A

もちろん、大丈夫です。ただし、これまで通りに食べたり、飲んだりしていては、体重は落ちません。会食のときも、「細マッチョルーティーン」のルールにかなったおつまみを選んだり、量をコントロールしたり、お酒をウーロン茶にするなど、ダイエット中の1ヵ月間はこれらを強く意識することが重要です。もし、お酒を飲むなら、一緒にお水を飲むことを忘れずに。

翌朝は、余分な塩分や脂質を洗い流すイメージで、朝昼はおかずを減らしておにぎりだけやご飯と味噌汁などのシンプルな食事にし、水をしっかり飲むようにしましょう。

Q2

この「細マッチョルーティーン」は、痩せるだけでなく、体調管理にも活用できますか？

A

もちろんです。次の10の質問で当てはまるものはありますか？

①足腰が弱くなったと感じる
②腰痛や膝痛がある
③手足が冷える、冷え性
④シワが増えて肌にハリや潤いがない
⑤眠りが浅い、途中で覚醒して起きてしまう
⑥視力が落ちて見えにくい
⑦疲れやすい、体力がない
⑧集中力が続かない
⑨イライラしやすい、キレやすくなっている
⑩感情をコントロールできないことがある

じつは、これらはすべて「細マッチョルーティーン」で解決できます。

実際、この「細マッチョルーティーン」でダイエットに成功した人からは、こんなお便りも届いています。50代男性の方です。「今回の2ヵ月間は、いろいろな発見がありました。まず、お米を食べているからか、ダイエットによくある食事の辛さがまったくなかったです。体調的には、非常に身体が軽く、頭がスッキリしていく感覚を感じました。今回の取り組みで最大の恩恵は、仕事の効率やクリエイティビティが向上したことです。運動、栄養、休養が普段の生活の質も上げることに感動しました。とても新鮮な体験をありがとうございました」。

Q3

1人でやり遂げる自信がありません。サポートしていただくことはできますか？

A

はい。ダイエットは1人ではなかなか難しいもの。それは私自身も経験してきたのでよく分かります。そこで現在、インターネット上で「白米ダイエットプログラム」を展開しています。これは、運動、食事、休養の3つの観点から各分野のスペシャリストがオンラインでサポートしていくというもので、あなただけの痩せる習慣を身につけることができます。ご興味のある方は、「オンライントレーナー」をのぞいてみてください。

▲オンライントレーナーはこちら

Q4

育ち盛りの子どもや夫が、ボリュームのある肉類や揚げ物を食べたがります。一緒に食べても大丈夫ですか？工夫できることはありますか？

A

食べても大丈夫です。「揚げ物は絶対にダメ」と言っているわけではありません。ご家族と一緒に食事を摂るときは、「食べるもの」や「食べる量」を加減すればよいのです。「早食いしない」「ひと口ずつ箸を置いて、よく噛んで食べる」ことを忠実に守れば、ご家族と会話をしながらでも冷静に食事が摂れるはずです。

実際、同じ量の食事をした夫婦なのに、夫は1ヵ月で4kg痩せ、妻は3kg太ったというケースもありました。ダイエットにおいては、よく噛んで、ゆっくり食べることがいかに大切かが分かりますよね。

同じボクシングジムで同じトレーニングをしていても、チャンピオンになる人間とならない人間がいます。考え方や意識を変えるだけで、結果はまったく違ってくることを、しっかり心に刻んでおきましょう。

Q5

ずっと糖質制限をしてきました。いきなり白米を増やすのは不安です。

A

確かに、木村式白米ダイエットの受講生のなかにも、「白米を増やすのは怖い」という人は多いです。でも、徐々に白米中心の食生活に移行していけば大丈夫。それに、いきなり「1日に700～800gの白米を食べましょう」と言われても、それは一般的な食生活を送ってきた人でも難しいです。ましてやこれまで炭水化物を抜いてきた人が急にお米の量を増やせば、お腹を壊してしまうこともあります。

まずは、1食＝お茶碗1杯（150g）。1日3食＝450g）から始めてみてください。そうやって白米中心の食事にカラダを慣らしていきながら、自分のペースで調整してみてください。最初のうちは、体重が増加する傾向が見られますが、それは脂肪が増えているわけではありません。

炭水化物はカラダにストックされるので、カラダにグリコーゲン（糖質エネルギー）が保管されているだけなのです。いったんは体重が1～2kg程度増えるかもしれませんが、それをピークにして体重は少しずつ減っていきます。焦らず、続けていきましょう。

A Q6

おかずが少ないと、栄養が足りなくなるのではないかと心配です。

お米だけでも、十分なくらい栄養を摂ることができます。あとは、具だくさんの味噌汁があれば大丈夫。さらにもう一品副菜が加われば、栄養価的にはかなり優秀です。

足りないことを心配するより、食べ過ぎに注意しましょう。

Q7 木村式白米ダイエットをスタートしてみたいのですが、おすすめのお米などありますか?

A

私が現役時代から食べているお米があります。幸南食糧の金賞健康米です。このお米は新しい精米方法で開発されたお米で、美味しさと栄養のいいとこどりでとてもおすすめです。ぜひ食べてみてくださいね。

▲幸南食糧の金賞健康米はこちらから

あとがき

お米を食べると太るんじゃないの？　白米で痩せるはずがない。木村式白米ダイエットの話をすると多くの方にこのように言われます。

私自身もボクサー時代はそのように思い込んでいました。

炭水化物＝太ると思い込んでいて、できるだけお米を食べるのを我慢していました。常に食欲に悩まされていて、甘いものを食べたい欲求に悩まされていました。試合前の減量がきつくてきつくてしょうがなく何日も絶食する日も続きました。そして、試合が終わった後には急激なリバウンド。

リバウンドすると元の体重より増えてしまうので、さらに過酷な減量に繋がっていく……そんな負のループに陥っていました。

自分に合うものを探していて巷に溢れるネットの情報に促されて体に合わないダイエットも試して、心と体をボロボロにしてしまいました。

でも、答えは身近なところにありました。それが本書でもお話ししている白米の量を増やすライスアップでした。

その方法に出会ってから考え方が大きく変わり生活も一変。正しい知識と自分の生活に合った方法を実践して、心も体も健康になり練習にも集中できるよう変化しました。そのおかげで連戦連勝して世界チャンピオンになり、夢を叶えることができました。

詳しくは本でも語っているので割合しますが、お米は日本人にとってなくてはならないものです。

近年はお米を食べると太るというイメージがついてしまい、農家やお米の生産に関わる方もとても苦労しています。

もっとお米の魅力を知ってもらいたい。白米でスリムで健康な人を増やしていきたい。そんな想いが本書を出すきっかけとなりました。

私自身これまで500名以上の方にダイエットのサポートをしてきましたが、皆さんこのダイエットを実践されてから大きく変化を感じています。

理想の体型を手に入れる第一歩は「自分に合ったダイエット法」を見つけることです。闇雲に実践するのではなく、本書を参考に実践してみてください。

もし途中で、「こんな話を聞きたい！」「ここがわからない」など悩みがあるときは、巻末にある二次元コードのＬＩＮＥからお気軽に質問いただけたらと思います。その際にはぜひ本の感想もいただけたら嬉しいです。

ひとつの人との出会いは必ず意味のあるモノだと私はいつも考えていますので、今回、こうやってあなたと出会えた小さな繋がりを大切にしていこうと思っています。

本の執筆にあたり自由国民社編集長の三田智朗さんや企画編集のオフィスふたつぎの二木由利子さん、本の監修をしていただいた嶋野麻美さんには大変お世話になりました。この本は私１人の力では出すことはできませんでしたのでここに感謝の念をお伝えします。

本書が皆さんの常識を変えるきっかけになり、お米で健康な人が増えていったら幸いです。

２０２４年３月吉日

元ボクシング世界チャンピオン
株式会社 ReStart 代表取締役
木村悠

木村悠（きむらゆう）

1983年、千葉県千葉市生まれ。元ボクシング世界チャンピオン、株式会社ReStart代表取締役。中学時代よりボクシングを始め、習志野高校ボクシング部を経て、法政大学1年生のときに全日本選手権で優勝を果たす。卒業後、名門の帝拳ジムでプロデビュー。その後、挫折をきっかけに商社に勤めながら、仕事とボクシングの二刀流で「商社マンボクサー」として注目を集める。2014年、ライトフライ級日本タイトルを獲得。2015年、初挑戦で見事WBC世界ライトフライ級チャンピオンの座に就いた。現役引退後は、Yahoo!ニュース、LINEニュースでの執筆や、ボクシング活性化を目的としたコミュニティ「オンラインジム」を設立。2019年、ボクサー時代の減量経験を生かした「木村式白米ダイエット」を開設。すべてがオンラインで完結する独自のメソッドで、日本全国の会員に向けて精力的にダイエット指導を行なっている。

オンライントレーナー

質問や感想はこちらまで ▶

白米をがっつり食べて痩せる!
細マッチョルーティーン

発行　2024年3月20日

著　者……………………木村 悠
監　修……………………嶋野 麻美
発行人……………………石井 悟
編集人……………………三田 智朗
発行所……………………株式会社自由国民社
〒171-0033　東京都豊島区高田3-10-11
電話　03-6233-0781
ウェブサイト　https://www.jiyu.co.jp
印刷所……………………大日本印刷株式会社
製本所……………………新風製本株式会社
編集協力…………………オフィスふたつぎ
装丁・デザイン……………WHITELINE GRAPHICS CO.
イラスト……………………たかいひろこ
撮影………………………ヒゲ企画

定価はカバーに表示してあります。
落丁・乱丁本はお取替えいたします。